Collins

Cambridge IGCSE™

Spanish
as a Foreign Language

Also for Cambridge IGCSE™ (9-1)

Workbook

Amy Bates
Charonne Prosser

William Collins' dream of knowledge for all began with the publication of his first book in 1819.

A self-educated mill worker, he not only enriched millions of lives, but also founded a flourishing publishing house. Today, staying true to this spirit, Collins books are packed with inspiration, innovation and practical expertise.

They place you at the centre of a world of possibility and give you exactly what you need to explore it.

Published by Collins

An imprint of HarperCollins*Publishers*

The News Building, 1 London Bridge Street, London, SE1 9GF

HarperCollins*Publishers*

Macken House, 39/40 Mayor Street Upper, Dublin 1, D01 C9W8, Ireland

Browse the complete Collins catalogue at
www.collins.co.uk

© HarperCollins*Publishers* Limited 2026

10 9 8 7 6 5 4 3 2 1

A catalogue record for this publication is available from the British Library.

ISBN 978-0-00-878915-2

All rights reserved. No part of this publication may be reproduced, stored in a retrieval system, or transmitted in any form by any means, electronic, mechanical, photocopying, recording or otherwise, without the prior written permission of the Publisher or a licence permitting restricted copying in the United Kingdom issued by the Copyright Licensing Agency Ltd, 5th Floor, Shackleton House, 4 Battle Bridge Lane, London SE1 2HX.

Without limiting the exclusive rights of any author, contributor or the publisher of this publication, any unauthorised use of this publication to train generative artificial intelligence (AI) technologies is expressly prohibited. HarperCollins also exercise their rights under Article 4(3) of the Digital Single Market Directive 2019/790 and expressly reserve this publication from the text and data mining exception.

Authors: Amy Bates and Charonne Prosser
Senior editor and content consultant: Tracy Traynor (1st edition)
Publisher: Catherine Martin
Senior product manager: Jennifer Hall
Content editor: Selin Akca
Copyeditor: Just Content Ltd
Proofreader: Just Content Ltd
Cover designers: Kevin Robbins and James Hunter
Cover pattern: Anastasiia Hevko/Shutterstock
Typesetter: Ken Vail Graphic Design Ltd (1st edition) and PDQ Digital Media Solutions, UK
Production controller: Alhady Ali
Printed in India by Multivista Global Pvt. Ltd.

With thanks to teachers from the following schools: Lyceum Alpinum Zuoz, Switzerland; International School Augsburg, Germany.

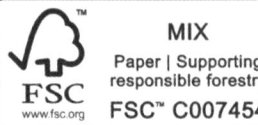

This book contains FSC™ certified paper and other controlled sources to ensure responsible forest management.

For more information visit: www.harpercollins.co.uk/green

collins.co.uk/sustainability

Endorsement indicates that a resource has passed Cambridge International Education's rigorous quality-assurance process and is suitable to support the delivery of their syllabus. However, endorsed resources are not the only suitable materials available to support teaching and learning, and are not essential to achieve the qualification. For the full list of endorsed resources to support this syllabus, visit www.cambridgeinternational.org/endorsed-resources

Any example answers to questions taken from past question papers, practice questions, accompanying marks and mark schemes included in this resource have been written by the authors and are for guidance only. They do not replicate examination papers. In examinations the way marks are awarded may be different. Any references to assessment and/or assessment preparation are the publisher's interpretation of the syllabus requirements. Examiners will not use endorsed resources as a source of material for any assessment set by Cambridge International Education.

While the publishers have made every attempt to ensure that advice on the qualification and its assessment is accurate, the official syllabus, specimen assessment materials and any associated assessment guidance materials produced by the awarding body are the only authoritative source of information and should always be referred to for definitive guidance.

Our approach is to provide teachers with access to a wide range of high-quality resources that suit different styles and types of teaching and learning.

For more information about the endorsement process, please visit www.cambridgeinternational.org/endorsed-resources

Acknowledgements

Cambridge International Education material in this publication is reproduced under licence and remains the intellectual property of Cambridge University Press & Assessment.

The publishers gratefully acknowledge the permission granted to reproduce the copyright material in this book. Every effort has been made to trace copyright holders and to obtain their permission for the use of copyright material. The publishers will gladly receive any information enabling them to rectify any error or omission at the first opportunity.

Contents

1	Quién soy y dónde vivo	4
2	La vida escolar	13
3	¿Estás en forma?	22
4	Vamos a salir	31
5	El mundo del trabajo	40
6	De vacaciones	50
7	El tiempo libre	59
8	Ponte en marcha	69
9	Nuestro mundo	78
10	Seguimos adelante	87

1 Quién soy y dónde vivo

1.1 En mi familia hay ...

1 ¿Quién eres? Lee las descripciones y escribe.

> **Gabriel**
> Somos cinco en mi familia: mi padre, mi madrastra, mi hermano y mi hermanastra. Mi padre se llama Enrique y tiene 38 años. No tenemos mascotas.

> **Félix**
> Vivo con mis abuelos y mi madre. Soy hijo único. Mi madre se llama Alicia y tiene 44 años. Tenemos un conejo y un gato.

> **Noa**
> Hay seis personas en mi familia: mis padres, mis dos hermanas y mi hermano mayor. Mis hermanas son gemelas y tienen 12 años.

> **Elena**
> Tengo 16 años y soy la hija menor de mis padres, que se llaman Consuela y Alfonso. Tengo dos hermanos mayores. Sergio tiene 21 años y Felipe tiene 19 años. Tenemos dos perros.

1 Tengo una hermana menor y un hermano mayor que se llama Sergio.
   <u>Eres Felipe, el hermano de Elena.</u>
2 Vivo con mis padres y mi hijo. _____
3 Vivo con mi padrastro y mis hermanastros. _____
4 Mi mujer se llama Consuela. _____
5 Vivo con mis padres, mi hermano, mi hermana mayor y mi hermana gemela.
   _____
6 Tengo un gato y vivo con mi marido, mi hija y mi nieto.
   _____
7 Tengo dos hijos y vivo con mi mujer y su hija. _____
8 Tengo tres hermanas. _____

2 Túrnate con tu compañero/a. Pregunta y contesta.

- Su madre tiene 44 años.
- Es Félix.
- Verdad.

3 Completa las frases con la forma adecuada del verbo *ser*.

1 Nosotros _____ seis en mi familia.
2 Antonella _____ hija única.
3 ¿Vosotros _____ gemelos?
4 ¿Tienes hermanos? ¿_____ hijo único?
5 _____ cuatro en su familia.
6 Tengo dos hermanos mayores. _____ el hijo menor.

4 Escribe 30–40 palabras sobre tu familia. Usa las descripciones de la Actividad 1 para ayudarte.

_____
_____
_____
_____

→ Gramática: A3 **ser** SB p. 239

1.2 ¡Ven a mi casa!

1 ¿Dónde está? Lee y escribe las plantas correctas.

Olivia
¡Hola! Me llamo Olivia. Vivo en una casa adosada muy moderna con mis padres. Hay tres plantas: en la primera planta hay un garaje y está el dormitorio de mis padres. En la segunda, están mi dormitorio y el cuarto de baño. Mi dormitorio es amplio y acogedor. En la tercera planta, hay una cocina grande y un salón comedor.

Lucía
Soy Lucía. Vivo con mis padres y mis hermanos en un piso pequeño de dos plantas. Vivimos en la cuarta planta de un bloque grande. Solo hay dos dormitorios en la segunda planta. En la primera planta hay una cocina bastante antigua y el cuarto de baño, que es feo. Pero hay un balcón soleado.

Daniel
Me llamo Daniel y vivo con mi familia en un chalet de dos plantas. En la primera planta hay una cocina, un aseo y un salón grande. En la segunda, hay dos dormitorios, un cuarto de baño y está el despacho de mi madre. Además tenemos un jardín bonito con muchas plantas, árboles y flores.

1 el despacho de la madre de Daniel   la segunda planta
2 el cuarto de baño de Lucía   _____
3 el salón comedor de Olivia   _____
4 el dormitorio de Lucía   _____
5 el dormitorio de los padres de Olivia _____
6 el aseo de Daniel   _____

2 Lee los textos de la Actividad 1 otra vez. Lee las frases y escribe V (verdadero), F (falso) o NM (no mencionado). Corrige las frases falsas.

1 Daniel tiene dos hermanas.
2 Olivia tiene un dormitorio grande.
3 Daniel vive en un piso de dos plantas.
4 El piso de Lucía está en un bloque grande.
5 La cocina de Olivia está arriba.
6 El piso de Lucía no tiene salón.
7 Olivia tiene un jardín grande.
8 El cuarto de baño de Lucía es bonito.

3 Completa las frases con los adjetivos apropiados.

1 Hay un jardín (big) _____ con árboles (beautiful) _____ y flores (small) _____.
2 Abajo hay un garaje, una cocina (old) _____ y un aseo (ugly) _____.
3 Mi dormitorio es (welcoming) _____ y (sunny) _____.
4 Las casas son (new) _____ y (modern) _____.
5 Vivo en la (second) _____ planta de un bloque (old) _____.
6 El balcón es (spacious) _____ pero las habitaciones son (small) _____.

→ Gramática: A3 *adjetivos* SB p. 236 - 237

4 Completa el texto con los verbos en la forma correcta.

> quedarse bañarse relajarse despertarse ponerse
> acostarse levantarse vestirse ducharse

Me llamo Tadeo. Vivo con mis padres en un piso grande y esta es mi rutina diaria. Normalmente, **1**_____ a las seis, **2**_____ y antes de desayunar, **3**_____ y **4**_____ el uniforme. Después de volver del colegio, **5**_____ un poco antes de hacer los deberes. **6**_____ sobre las once. Los fines de semana tengo mas tiempo, entonces **7**_____ en la cama más tarde y **8**_____. Luego me **9**_____ y salgo con mis amigos.

5 Pon la rutina diaria de Damián en orden.

a En el colegio merienda a las once.
b Antes de acostarse, se relaja un poco y habla con sus amigos.
c Todos los días Damián se despierta a las siete y cuarto. [1]
d Se viste y desayuna.
e Antes de vestirse se ducha.
f Después de volver del colegio, hace los deberes.
g Antes de ducharse, se levanta.
h Se duerme sobre las once y media.
i Después de desayunar, se va al colegio.

6 Túrnate con tu compañero/a. Pregunta y contesta sobre la rutina diaria de Tadeo y Damián de las Actividades 4 y 5.

- ¿A qué hora se levanta/se acuesta …?
- ¿Qué hace … después/antes de …?
- ¿Qué hace los fines de semana/normalmente?

7 Escribe un párrafo sobre tu casa y tu rutina diaria. Incluye:

- con quién vives
- adjetivos para describir las habitaciones
- lo que haces normalmente/el fin de semana
- algo sobre la rutina diaria de tus padres

→ Gramática: A4 *verbos reflexivos* SB pp. 239–240

1 Quién soy y dónde vivo

1.3 Con la familia

1 Escribe cada frase en el orden correcto.

1 coche que Tengo lavar el _____
2 aspiradora pasar Suelo la _____
3 saco los basura días la Todos _____
4 cama Antes salir hago de la _____
5 A perro suelo veces pasear al _____
6 de tiene desayunar llenar hermano el Después mi que lavaplatos
_____
7 dormitorio ordenar tengo mi Siempre que
_____

2 Cambia las frases afirmativas a negativas.

1 Tengo que cortar el césped. (tampoco)
_____

2 Hace la cama y quita la mesa. (ni … ni)
_____

3 Mi hermano plancha la ropa. (nunca)
_____

4 Ayudo a sacar la basura. (no)
_____

5 Tenemos que llenar el lavaplatos. (nunca)
_____

6 Paseo al perro y paso la aspiradora. (ni … ni)
_____

3 Túrnate con tu compañero/a. Pregunta y contesta sobre las tareas.

- ¿Qué tiene que/suele hacer Martina/Santiago?
- ¿Con qué frecuencia corta el césped/pasea al perro …?

Martina
Todos los días
Hacer la cama
Sacar la basura
Una vez a la semana
Recoger el dormitorio
A veces
Pasear al perro

Santiago
Todos los días
Pasar la aspiradora
Llenar el lavaplatos
Una vez a la semana
Cortar el césped
A veces
Planchar la ropa

4 Escribe cuatro frases sobre lo que haces tú para ayudar en casa. Di con qué frecuencia haces las tareas.
_____
_____
_____
_____

→ *Gramática: A2 negativos SB pp. 244–245*

5 Escoge las palabras apropiadas.

1 **Me / Se / Nos** llevo bien con mi hermanastra.
2 Sus abuelos se **pelean / pelea / peleo** mucho.
3 Nos **conozco / conozca / conocemos** muy bien.
4 **Te / Se / Os** divierten cuando están con sus padres.
5 Mis padres se **quiere / quieren / queremos**.
6 Me **parezco / parezca / parezcan** mucho a mi hermano.
7 No se **lleva / llevas / llevamos** muy bien con su familia.
8 Sus amigos siempre se **apoyamos / apoyáis / apoyan**.

6 Lee y escribe los adjetivos posesivos correctos: *mi, mis, tu, tus, su* o *sus*.

Asunto: ¿Qué tal?

Me llamo Lucas y tengo 15 años. Somos seis en **1** _____ familia. Vivo con
2 _____ dos hermanos, mi madre, mi padrastro y **3** _____ hermanastra.
Me llevo muy bien con **4** _____ padrastro porque tenemos el mismo sentido de humor. A veces **5** _____ hermanastra y yo nos peleamos porque nunca recoge
6 _____ dormitorio. Nunca hace **7** _____ tareas. ¡Estoy harto!
Me parezco mucho a mi madre. Me apoya siempre y nos queremos mucho. **8** _____ mejor amigo se llama Esteban y siempre nos divertimos juntos. Se lleva muy bien con
9 _____ familia.
Escríbeme sobre tu familia. ¿Te llevas bien con **10** _____ padres? ¿Y **11** _____ mejor amigo/a?

7 Lee el texto de la Actividad 6 otra vez. Contesta las preguntas.

1 ¿Con quién se lleva bien Lucas y por qué? _____
2 ¿Por qué se pelea Lucas con su hermanastra? _____
3 ¿A quién se parece Lucas? _____
4 ¿Cómo se llama su mejor amigo _____
5 ¿Cómo se lleva Esteban con su familia? _____

8 Eres Natalia/Nicolás. Escribe un párrafo sobre tu familia respondiendo a las preguntas de Lucas en la Actividad 6.

Natalia/Nicolás 16 años
madre ✓
una hermana mayor ✓
dos hermanos menores ✓
mejor amigo Diego ✓

1.4 Dónde vivo

1 ¿Quién es? Lee y escoge Álvaro o Maite.

> **Álvaro**
> Vivimos en un piso en el centro de la Ciudad de la Costa, una ciudad al este de Montevideo, la capital de Uruguay. Tenemos muchas playas muy bonitas y además, hay muchos hoteles. Vivo en la quinta planta de un bloque nuevo con vistas estupendas al mar. Me gusta mucho vivir aquí aunque estamos bastante cerca del aeropuerto.

> **Maite**
> Vivo en un chalet en el campo en el País Vasco, al norte de España. Es un lugar muy tranquilo con muchos bosques, campos y ríos. No me gusta mucho vivir en el campo. No hay nada que hacer. La casa es muy antigua y estamos aislados. Preferiría vivir en una ciudad.

1 Vive cerca de la capital de su país. **Álvaro / Maite**
2 No vive en un apartamento. **Álvaro / Maite**
3 Alrededor no hay rascacielos. **Álvaro / Maite**
4 Le gusta la playa. **Álvaro / Maite**
5 Su casa no es nueva. **Álvaro / Maite**
6 Hay mucha gente alrededor. **Álvaro / Maite**
7 Le gusta vivir allí. **Álvaro / Maite**
8 Cree que es un lugar aburrido. **Álvaro / Maite**

2 Túrnate con tu compañero/a. Eres Álvaro o Maite. Pregunta y contesta.

- ¿Dónde vives?
- ¿Dónde está tu pueblo/tu ciudad?
- ¿Cómo es tu pueblo/ciudad?
- ¿Qué hay cerca de tu casa/tu piso?

3 Empareja las preguntas y las respuestas.

1 ¡Hola! ¿Cómo estás?
2 ¿De dónde eres?
3 ¿Cuándo es tu cumpleaños?
4 ¿Cómo es tu casa?
5 ¿Dónde estás en este momento?
6 ¿Qué hora es?
7 ¿Dónde está Lima?
8 ¿Qué hay cerca de tu casa?

a Es moderna, cómoda y práctica.
b Estoy en el polideportivo.
c Es el 25 de abril.
d Estoy muy bien, gracias.
e Son las diez y media.
f Hay montañas y campos.
g Soy de Colombia.
h Está en el oeste.

4 Túrnate con tu compañero/a. Pregunta y contesta las preguntas de la Actividad 3. Luego pregunta y contesta con tus propias respuestas.

→ *Gramática:* A3 **ser** SB p. 239

5 ¿Ser o estar? Escribe las formas correctas del verbo apropiado.

1 Mi casa _____ en el sur del país.
2 Nosotros _____ muy contentos de vivir aquí.
3 Su piso _____ muy acogedor.
4 Juan y Daniel _____ buenos amigos.
5 El chalet _____ en el centro de la ciudad.
6 ¿Dónde estás? _____ en la playa.
7 Yo _____ el padre de Marisol.
8 ¿Cuántas personas hay en tu familia? _____ cuatro.

6 Lee y escribe las palabras que faltan.

¡Hola! 1 _____ Gabriela. Vivo con 2 _____ familia en una pequeña 3 _____ en las afueras de Buenos Aires, la capital de Argentina. 4 _____ cinco en mi familia: mi padre, mi madre, mi hermana mayor y mi abuela. Buenos Aires es una ciudad grande con 5 _____ edificios antiguos y bonitos. Las personas que 6 _____ en Buenos Aires se llama porteños.

Mi casa tiene dos 7 _____: en la planta de arriba hay tres 8 _____ y el cuarto de baño. 9 _____ hay una cocina amplia y el salón comedor. Además, tenemos un jardín y un garaje.

Me gusta mucho mi ciudad 10 _____ tiene de todo: parques bonitos, el río y el palacio. No quiero vivir en otro sitio.

7 Escribe sobre donde vives. Usa el texto de la Actividad 6 para ayudarte.

_____
_____
_____
_____
_____
_____
_____
_____

8 Habla con un compañero/a. ¿Cuándo se usan estas exclamaciones?

¡Qué bonito!   ¡Qué rico!   ¡Dios mío!   ¡A ver!   ¿De verdad?   ¡Ay!

1 Quién soy y dónde vivo

1.5 Mi barrio

1 Descifra los sitios y escríbelos en el lugar correcto.

> sumoe   torate   nice   canisip   naboc   díapenara   quarpe
> cremailoc onterc   camerod   prdovitliopoe   repodusremac   jocera ámotociaut

un _____
_____

una _____
_____

2 Lee y escribe S (Sara), P (Paula) o F (Fernando).

Sara
Vivo en un pueblo pequeño cerca de las montañas. Vivo con mis padres, mis abuelos y mi hermano menor. Mi casa es grande con cinco dormitorios, dos cuartos de baño y una cocina soleada y amplia donde paso mucho tiempo. Me llevo bien con mis padres pero nos peleamos a veces. Lo malo de mi pueblo es que no hay nada que hacer para los jóvenes. No tiene nada: ni cine, ni polideportivo tampoco. Lo bueno es la tranquilidad y las vistas hermosas de las montañas, pero me aburro mucho.

Paula
Vivo en una gran ciudad al sur de mi país que se llama Villa Hermosa. La ciudad tiene de todo: un centro comercial, parques, museos, teatros, y una piscina al aire libre. Vivo con mi madre y mis hermanas. Tengo una hermana mayor que tiene 18 años y otra menor que tiene 12 años. Nos divertimos mucho juntas. El fin de semana nos gusta levantarnos tarde e ir de compras. Lo bueno de mi ciudad es que tiene muchas tiendas modernas y un gran mercado. Lo malo es que hay mucho ruido y también hay problemas sociales.

Fernando
Vivo en las afueras de una ciudad al norte de la capital de mi país. Vivimos en un piso moderno en la cuarta planta de un edificio grande cerca de la estación. Somos tres en mi familia: mi padre, mi hermanastra y yo. Mi padre me apoya mucho si necesito ayuda. Lo bueno de mi ciudad es que tiene dos polideportivos con pistas de baloncesto y piscinas. Lo malo es el tráfico. Tengo que levantarme muy temprano por la mañana para ir al colegio.

1 Me gusta levantarme tarde los fines de semana. _____
2 Me gusta jugar al baloncesto. _____
3 Mis hermanas son mis amigas. _____
4 Quiero vivir en otro sitio. _____
5 Mi padre y yo nunca nos peleamos. _____
6 Mi habitación favorita es la cocina. _____
7 Me gusta ir de compras. _____
8 Se pueden hacer muchos deportes en mi ciudad. _____

once 11

Extended speaking activity

Hablar: Conversación

Vas a tener una conversación sobre quién eres y dónde vives. Responde a las preguntas de tu compañero/a. Después, cambiad de rol. Mirad el vocabulario para ayudaros.

1 Describe a tu familia.

> **Vocabulario**
> En mi familia hay …
> Tengo … hermano(s)/hermana(s)/mascota(s).
> … se llama(n) …
> … tiene(n) … años.

2 ¿Te llevas bien con tu familia?

> **Vocabulario**
> Me llevo bien/mal con …
> Mis padres/hermanos/hermanas son …
> Mi madre/padre/hermano/hermana es …

3 ¿Vives en un piso o en una casa? ¿Cómo es?

> **Vocabulario**
> Vivo en …
> En mi casa (no) hay …
> Mi habitación es …

4 ¿Ayudas en casa?

> **Vocabulario**
> (No) ayudo en casa porque …
> Para ayudar en casa …
> Tengo que/Suelo …

5 ¿Qué es lo bueno de tu barrio?

> **Vocabulario**
> Me gusta mi barrio porque …
> En mi barrio se puede …
> En mi barrio hay …

> **!**
> Always try to explain your opinions using *porque* (because).
>
> When using adjectives to describe people or things, make sure they agree in gender and number, e.g. *mis padres son estrictos; mi casa es bonita*.

2 La vida escolar

2.1 Mis estudios

1 Lee y completa el horario con la asignatura apropiada.

	lunes	martes	miércoles	jueves	viernes
8.30–9.25	matemáticas	3 _____	lengua	inglés	5 _____
9.25–10.20	lengua	matemáticas	inglés	ciencias	lengua
10.20–11.15	1 _____	historia	ciencias	historia	francés
recreo					
11.45–12.40	música	lengua	geografía	educación física	matemáticas
12.40–13.35	inglés	ciencias	tecnología	4 _____	tecnología
13.35–14.30	2 _____	arte	educación física	lengua	6 _____

¡Hola! Me llamo Susana y asisto al Colegio San José. Estoy en cuarto de secundaria. Mis clases empiezan a las ocho y media. Tenemos seis asignaturas al día y cada clase dura cincuenta minutos. Estudio diez asignaturas. Mis asignaturas favoritas son las matemáticas y las ciencias. No me gustan nada la geografía ni la música. ¡Qué aburrimiento! Las clases terminan a las dos y media, cuando vuelvo a casa para comer y hacer los deberes.

El lunes por la mañana tengo geografía y al final del día tengo tecnología. ¡No es un buen día! La primera asignatura que estudio los martes es francés. Tengo matemáticas todos los días con la excepción del miércoles. Un buen día para mi es el viernes porque empezamos con ciencias y al final del día tenemos educación física.

2 Lee el texto otra vez. Marca las frases que son falsas y corrígelas.

1 Susana es estudiante en un colegio de primaria.
  _____
2 Las clases terminan a las ocho y media. _____
3 Tiene diez clases al día. _____
4 Le gustan las matemáticas. _____
5 Su asignatura favorita es la música. _____
6 Come y hace sus deberes después de volver a casa.

7 Un mal día para ella es el lunes. _____
8 Estudia matemáticas cuatro veces a la semana. _____
9 Su día favorito es el jueves porque empieza con ciencias.
  _____

3 Túrnate con tu compañero/a. Pregunta y contesta sobre el horario de Susana.

- ¿A qué hora tiene Susana matemáticas el martes?
- Tiene matemáticas a las nueve y veinticinco.
- ¿Qué asignatura tiene a tercera hora los jueves?
- Historia.

4 Escribe las frases con los adjetivos en la forma correcta en el lugar apropiado.

1 Hace muchos años que nos conocemos. Es un amigo. (grande)
_____
2 Tengo notas en mis exámenes. (malo) _____
3 Los laboratorios están en la planta. (segundo) _____
4 La próxima semana tenemos el examen de inglés. (primero)
_____
5 ¿Hay autobús que va directo al colegio? (alguno) _____
6 Mi colegio es bastante moderno. Tiene instalaciones. (bueno)
_____
7 No hay ordenador libre para hacer mis deberes. (ninguno)
_____
8 Me gusta mucho la educación física y el colegio tiene un gimnasio. (bueno)
_____

5 Escribe los verbos en el presente continuo.

1 ¿Qué (hacer – vosotros) _____?
2 Mis profes (hablar) _____ y (beber) _____ café en la sala de profesores.
3 Yo (estudiar) _____ matemáticas para el examen del martes. ¡Qué aburrimiento!
4 Nosotros (leer) _____ sobre los volcanes para los deberes de geografía. ¡Silencio!
5 El equipo de fútbol (jugar) _____ un partido importante.
6 Tú (escribir) _____ los verbos en el presente continuo.
7 Marco y Julia (comer) _____ un bocadillo en el comedor. ¡Qué rico!
8 Usted (preparar) _____ el horario para el curso que viene.

6 Escribe un párrafo sobre el horario de Ángel. Usa el texto de la Actividad 1 para ayudarte.

Colegio San Marco 3°
Horas   lunes ☺

8.40–9.30	historia
9.30–10.20	arte
recreo	
10.50–11.40	matemáticas
11.40–12.30	lengua
12.30–13.20	geografía
13.20–14.10	inglés

☺ arte, música, lengua
☹ ciencias, educación física
ahora: dormitorio, deberes

_____
_____
_____
_____

2.2 ¿Qué te gusta y qué no te gusta?

1 Empareja las descripciones con los aspectos de la vida escolar.

1 Tengo que sacar buenas notas. ¡Hay mucho que repasar! _____
2 Me llevo bien con la mayoría de ellos. Pasamos muchos horas al día juntos. _____
3 Tenemos dos al día: uno a las diez y diez y el otro a las doce y media. _____
4 No paso mucho tiempo allí porque me aburre la educación física. _____
5 Algunos son muy estrictos pero a veces nos hacen reír en clase. _____
6 Suelo hacerlos en la biblioteca después del colegio. _____
7 No tenemos que llevarlo. ¡Qué suerte! Normalmente llevo vaqueros. _____
8 Si te gustan las ciencias, tenemos buenas instalaciones para experimentar. _____

a los deberes
b el gimnasio
c los exámenes
d el uniforme
e el recreo
f los laboratorios
g los compañeros de clase
h los profes

2 Escribe cuatro frases sobre los aspectos mencionados en la Actividad 1.

_____
_____
_____
_____

3 Lee el diálogo. ¿Qué asignatura enseñan los profes? ¿Por qué les gustan los profes?

- ¿Quiénes son vuestros profes favoritos, chicos?
- ① Pues, a mi me gusta mucho la señora Peliche. Mantiene los laboratorios muy organizados y sus experimentos son muy divertidos.
- ② A ver … el señor Dujardin habla muy bien y aprendemos mucho sobre su país, la comida, … Me gustaría visitar París algún día.
- ③ Me parece que el mejor profe es el señor Gutiérrez. Es agradable y no me aburre nunca. Estamos estudiando la Segunda Guerra Mundial – es muy interesante saber más sobre el pasado.
- ④ La señorita Acosta no nos pone demasiados deberes. La semana que viene tengo que hacer una presentación sobre las montañas y los ríos.
- ⑤ Mi profe favorita es la señora Del Olmo. Es buena en muchos deportes: fútbol, tenis y voleibol.

_____
_____
_____
_____
_____

4 Túrnate con tu compañero/a. Habla de tus profes.

2.3 Al salir de clase

1 Empareja a cada joven con la actividad apropiada.

1. Quiero hacer algo para tener más confianza en mí mismo y superar la timidez.
2. Prefiero participar en deportes en equipo. Ya soy miembro de un equipo de fútbol.
3. Me gusta pasar tiempo al aire libre.
4. Necesito relajarme y eliminar el estrés de los exámenes.
5. Me interesan mucho las artes marciales. Hago judo y quiero aprender otra cosa.
6. Soy muy deportista: me encanta correr.
7. Lo que más me interesa es descifrar un problema. Me gusta concentrarme.
8. Me gusta estar activo pero no me interesan los deportes. Quiero hacer una actividad cultural.

a el baile
b el atletismo
c el voleibol
d el ajedrez
e el club de debate
g el club de jardinería
f el yoga
h el kárate

2 Escribe cada frase en el orden correcto.

1. haciendo yoga estoy relajarme para ____
2. profe puerta el está por la saliendo ____
3. útiles conectar para idiomas países de son gente otros con los ____
4. hermano las fútbol al mi dos tardes de horas por juega ____
5. ?¿ mañana haces qué la por ____
6. divertido ajedrez el para es muy mí ____
7. padre deporte activo hacer mi para quiere más estar ____
8. ¿? gimnasio dónde se por va al ____

3 ¿*Por* o *para*? ¿*Porque* o *por qué*? Escribe las palabras apropiadas.

1. Prefiero hacer mis deberes ____ la tarde.
2. ____ mí lo bueno del colegio son las oportunidades para hacer deporte.
3. ¿____ te interesa pintar?
4. Estoy estudiando ____ mejorar mis conocimientos del idioma.
5. Me gusta participar en los torneos regionales ____ me interesa ver otros institutos.
6. No me gustan mucho los deportes en equipo. ____ eso no soy miembro del club de baloncesto.
7. Me interesa el club de debate ____ me gusta saber más sobre los temas de hoy en día.

4 Túrnate con tu compañero/a. ¿Qué actividad te interesa de la Actividad 1? ¿Por qué?

→ Gramática: A2 & A3 *por/para* SB p. 245

2 La vida escolar

5 **Lee y busca las frases en español.**

Soy Catalina y estoy en 4° de secundaria en el Colegio San Luis. Es un colegio grande con más de 1000 alumnos. Estudio cuatro asignaturas obligatorias: matemáticas, lengua, inglés e historia. Mis asignaturas optativas son: religión, arte, música y francés. Lo bueno de mi colegio es que la mayoría de los profes son agradables y no te ponen demasiados deberes. ¡Lo malo del colegio es que las instalaciones son antiguas y las duchas son frías!
Después del cole me gusta hacer actividades extraescolares. Los lunes voy al club de jardinería porque me encanta estar al aire libre y cultivar plantas y flores.
Los martes suelo ir a clase de inglés después del colegio para mejorar mis conocimientos del idioma. Tengo malas notas en clase y por eso necesito practicar más.
Los miércoles siempre voy al club de voleibol. Me encanta hacer deporte en equipo y tenemos la oportunidad de participar en torneos regionales.
Los jueves me gusta ir a clase de pintura. Practicamos técnicas variadas y de vez en cuando vamos a una exposición.
¡Los viernes tengo que ir a clases de refuerzo para hacer todo el trabajo que no tuve tiempo de hacer!

1 with more than a thousand pupils _____
2 optional subjects _____
3 most teachers _____
4 the facilities are old _____
5 after-school activities _____
6 grow plants and flowers _____
7 therefore I need to practise more
_____
8 sometimes we go to an exhibition
_____

6 **Lee el texto otra vez y contesta las preguntas.**

1 ¿Cuántas asignaturas obligatorias estudia Catalina y cuáles son?
_____
2 ¿Qué es lo bueno de su colegio? _____
3 ¿Por qué le gusta el club del jardinería? _____
4 ¿Cuántas veces a la semana hace una actividad extraescolar? _____
5 ¿Le interesan las ciencias? ¿Por qué (no)? _____
6 ¿Por qué va a clases de inglés? _____
7 ¿Qué tipo de deporte le gusta hacer? _____
8 ¿A qué club va el viernes y por qué? _____

7 **Escribe a Catalina. Escribe al menos 80 palabras. Menciona:**

- detalles de tu colegio
- tus actividades después del colegio

_____
_____
_____
_____
_____

2.4 Tú y tus amigos

1 Empareja los adjetivos.

1	gracioso	b	a	talkative
2	responsable		b	funny
3	loco		c	open
4	alegre		d	shy
5	listo		e	clever
6	hablador		f	crazy
7	animado		g	lazy
8	abierto		h	sociable
9	sociable		i	responsible
10	tímido		j	cheerful
11	perezoso		k	lively

2 Empareja los antónimos (opposites) de algunos de los adjetivos de la Actividad 1.

1 trabajador _____
2 poco sociable _____
3 serio _____
4 cerrado _____
5 tonto _____
6 triste _____
7 irresponsable _____
8 callado _____

3 Lee y escribe el adjetivo que describe a estas personas.

1 Mi mejor amigo se llama Daniel. Me hace reír y nos divertimos mucho juntos. _____

2 Mi padrastro no hace nada en casa. Nunca ayuda a mi madre con la tareas. _____

3 Me preocupa mucho mi hermana menor. No sale nunca ni habla con nadie. _____

4 Mi mejor amiga se llama Marisol. Nos conocemos desde hace años. Sabe de todo y siempre saca las notas más altas en los exámenes. _____

5 Mi hermano mayor tiene 19 años y trabaja en un hotel. Ayuda mucho a mis padres con el dinero y también ayuda en casa con las tareas. _____

2 La vida escolar

4 En parejas, elegid una persona famosa y leed sobre ella. Vuestros compañeros os harán preguntas sobre su carácter. Por ejemplo:
- ¿Qué te parece Malala Yousafzai?
- Pues es muy lista, responsable y alegre.
- Estoy de acuerdo, pero parece un poco seria.

5 Lee y contesta las preguntas.

> ¡Hola! Me llamo Mateo y vivo en Salamanca, una ciudad al norte de España. Vivo aquí desde 2018. Curso 4° de secundaria. Estoy estudiando diez asignaturas, incluyendo el arte y la tecnología. Hace cuatro años que las estudio. Después del colegio hago natación. Hace tres años que soy miembro de un club. Me gusta hacer natación porque me relaja y me quita el estrés. Mi mejor amigo se llama Juan. Nos conocemos desde 2022. Es muy gracioso y alegre y además me apoya mucho.

1 ¿Dónde está Salamanca?

2 ¿Hace cuántos años que Mateo vive en la ciudad?

3 ¿Hace cuántos años que Mateo estudia arte?

4 ¿Por qué le gusta a Mateo hacer natación?

5 ¿Hace cuántos años que es miembro de un club?

6 ¿Hace cuántos años que se conocen Juan y Mateo?

7 ¿Qué carácter tiene Juan?

6 Escribe un párrafo sobre alguien que conoces: un miembro de tu familia, un/a amigo/a o un/a profesor/a.

→ *Gramática:* A5 **hace** SB p. 242

2.5 ¿Qué haces para ganar dinero?

1 ¿Quién hace qué trabajo? Escribe frases.

> dar clases particulares   trabajar en una heladería   cuidar mascotas
> trabajar de jardinero/a   ayudar en casa   hacer de canguro

No me gusta nada mi trabajo. Tengo que lavar las copas de helado y las cucharillas y quitar las mesas. Nunca sirvo a los clientes así que no recibo propinas.
Gael

Tengo un trabajo divertido. Juego con los niños y hago mis deberes cuando se acuestan.
Dante

Me gusta mucho mi trabajo porque siempre estoy al aire libre. Lo malo son los perros que me asustan cuando estoy cuidando las plantas.
Juana

Mi trabajo es un poco aburrido. Paso todos los días estudiando y tres veces a la semana enseño matemáticas a los pequeños.
Luna

Tengo que hacer de todo: quitar la mesa, cortar el césped, lavar los platos, pasar la aspiradora. ¡Qué aburrido!
Eduardo

Gael trabaja en una heladería.

2 Escribe cuatro frases sobre el trabajo no mencionado de la Actividad 1.

3 Completa las frases con la forma correcta del verbo: *seguir* + gerundio.

1 ¿Vosotros (estudiar) _____ en la biblioteca hasta qué hora?
2 (trabajar) _____ porque quiero ganar dinero antes de ir a la universidad.
3 Mauricio (hacer) _____ kárate aunque no tiene tiempo para practicarlo.
4 Mis hermanas (aprender) _____ idiomas porque les gusta intercambiar sus ideas y experiencias con gente de otros países.
5 ¿(leer) _____ el libro de poesía? ¿No te aburres?

Extended speaking activity

2 La vida escolar

Hablar: Juego de rol

Vas a hacer un juego de rol. Es una conversación con un(a) amigo/a sobre la vida escolar.
Haz y contesta las preguntas.

El amigo/La amiga: ¿Cómo son las instalaciones en tu colegio?
Tú …

Vocabulario
En mi colegio (no) hay …

El amigo/La amiga: ¿Cuándo empiezan y terminan las clases?
Tú …

Vocabulario
Las clases empiezan a las …
y terminan a las …

El amigo/La amiga: ¿Cuál es tu asignatura favorita? [PAUSA]
¿Por qué?
Tú …

Vocabulario
Mi asignatura favorita es … /
Me gusta estudiar … porque …

El amigo/La amiga: ¿Qué actividades hiciste después del colegio la semana pasada?
Tú …

Vocabulario
La semana pasada fui/jugué/
hice …

El amigo/La amiga: Esta semana, ¿qué vas a hacer después del colegio?
Tú …

Vocabulario
Esta semana voy a ir/jugar/
hacer …

Listen carefully for the tense of the question – it could be past, present, future, conditional … Time phrases such as 'normally', 'last week' etc. can help you to identify which time frame to use in your response.

3 ¿Estás en forma?

3.1 ¿Qué comes?

1 Lee y escribe.

> Me parece que tengo una dieta bastante sana. Prefiero comer muchas verduras y frutas. Mi comida favorita es el desayuno. Suelo desayunar cereales, yogur, piña, frambuesas, fresas … ¡Soy adicta a la fruta! En cuanto a mi hermana gemela, Valentina, pues creo que es un poco golosa. Le encantan las cosas dulces: los pasteles, los postres. Siempre desayuna unas galletas y una taza de chocolate. En este momento mis padres nos están preparando la cena: ensalada, pescado a la plancha y arroz con salsa picante. ¡Qué rico!
> **Gabriela**

> No me gusta desayunar. Me levanto muy temprano, sobre las cinco y media, y no puedo comer nada. Normalmente almuerzo a las doce: un bocadillo de queso o una sopa de tomate. No me gusta nada el pescado. ¡Qué asco! A la hora de comer, prefiero ir a algún restaurante para tomar el menú del día: ensalada, carne con patatas, y fruta. Para mí, la comida más rica es la francesa. No puedo comer comida picante como la mexicana.
> **Paulo**

> Vivo en el norte de España con mis padres pero somos de Colombia, así que normalmente desayunamos cosas saladas como el calentado, que consiste en arroz y frijoles. Creo que es un desayuno más sano que el español de cereales azucarados con chocolate caliente. De vez en cuando nos gusta salir a cenar. Prefiero comer comida picante como la mexicana o la malaya. Mi cena favorita es el arroz con guisantes y chile. ¡Qué bueno!
> **Leonardo**

1 ¿Quién desayuna arroz? _____
2 ¿Quién desayuna chocolate? _____
3 ¿A quién le gusta la comida picante? _____
4 ¿Quién va a cenar pescado? _____
5 ¿Quién prefiere la comida europea? _____
6 ¿Quién tiene un dieta poco saludable? _____
7 ¿A quién no le gusta comer mucho en casa? _____
8 ¿Quién no suele desayunar? _____

2 Lee los textos de la Actividad 1 otra vez y contesta las preguntas.

1 ¿Cuál es la comida favorita de Gabriela? _____
2 ¿Cómo es su hermana? _____
3 ¿Qué están haciendo sus padres? _____
4 ¿Por qué no desayuna Paulo? _____
5 ¿Dónde come Paulo normalmente? _____
6 ¿Por qué no le gusta a Paulo la comida mexicana?
_____
7 ¿Qué es el calentado? _____
8 ¿Le gusta a Leonardo el desayuno español? ¿Por qué (no)?
_____
9 ¿Qué le gusta hacer a la familia de Leonardo?
_____

3 ¿Estás en forma?

3 Tu compañero/a y tú estáis en un campamento y tenéis que poneros de acuerdo sobre las comidas. Completa la tabla con información acerca de la comida que os gustaría.

DESAYUNO:
COMIDA:
CENA:

4 Escribe frases con la forma comparativa.

1 verduras / frutas / sabrosa (más que)
   Las verduras son más sabrosas que las frutas.

2 carne / pescado / saludable (menos que)
   _____

3 beber agua / beber café (mejor que)
   _____

4 comida española / comida china / picante (tan como)
   _____

5 comida basura / comida sana / caro (menos que)
   _____

6 vitaminas / proteínas / importante (tan como)
   _____

7 refrescos / leche (peor que)
   _____

8 pasteles / cereales / dulce (más que)
   _____

5 Túrnate con tu compañero/a. Contesta las preguntas para ti y da razones.

- ¿Qué comida es la más picante?
- ¿Qué comida es la más rica?
- ¿Qué comida es la menos saludable?
- ¿Cuál es tu comida favorita?
- ¿Cuál es tu postre favorito?
- ¿Qué no te gusta comer?

6 Escribe un párrafo. Usa tus respuestas a las preguntas de la Actividad 5 y describe lo que te gusta comer y beber, y lo que no te gusta.

_____
_____
_____
_____

→*Gramática:* A4 **comparativos** SB p. 237

3.2 Me mantengo en forma

1 ¿Presente o pasado? Escribe Pr o Pa.

1 Todos los días bailo y mi hermano da una vuelta en bicicleta. _____
2 El año pasado, mi amiga pasó un mes en un campamento de tenis. _____
3 El fin de semana pasado montamos a caballo. _____
4 ¿Qué tal las vacaciones? ¡Estuvieron guay! _____
5 Suelo ir a correr después de llegar a casa. _____
6 ¿Saliste temprano ayer? _____
7 El verano pasado mis padres fueron a Italia e hicieron vela. _____
8 Anteayer mi novio hizo patinaje. _____

2 Completa las frases con la forma correcta del pretérito.

1 ¿Qué (hacer) _____ ayer, Tomás?
2 Hace dos años mis primos (ir) _____ a la montaña y (esquiar) _____.
3 La semana pasada Emilia (participar) _____ en un camponeato de fútbol.
4 El mes pasado mis amigas y yo (jugar) _____ en un partido y (ganar) _____.
5 Normalmente prefiero jugar al tenis pero anteayer (ir) _____ a la costa e (hacer) _____ surf. ¡Lo (pasar) _____ bomba!
6 Anteayer ((yo) montar) _____ a caballo por la primera vez. ¡(ser) _____ inolvidable!
7 ¿((tú) divertirse) _____ el fin de semana pasado? No, (ir) _____ a una clase de baile y (caerse) _____. ¡(ser) _____ un desastre!

3 Escribe seis frases usando adverbios de tiempo y diferentes personas del prétérito.

| anteayer   el fin de semana pasado   el verano pasado   ayer   el sábado   hace dos semanas |

| hacer yoga   jugar al tenis   montar a caballo   participar en un torneo
ir a un restaurante   sacar buenas notas en un exámen |

| fue divertido / genial / terrible / aburrido / un desastre
fue una experiencia inolvidable / impresionante / fantástica / horrible / dura |

Anteayer fuimos a un restaurante y fue terrible.

→ Gramática: A1 & A2 **pretérito** SB p. 241

3 ¿Estás en forma?

4 Lee el diálogo y escoge las opciones correctas.

¡Hola, Iker! ¿Qué tal el finde?

Pues, … ¡un rollo! Después de salir del cole el viernes, tuve que hacer los deberes. Hice dos horas de trabajo y después paseé al perro. Antes de acostarme, saqué la basura y lavé los platos.

¡Vaya! ¿El sábado te fue mejor?

No mucho. Hice tres horas de deberes, trabajé cuatro horas en el restaurante (¡sin paga! porque, ya sabes, es el restaurante de mis padres), y finalmente, salí al cine pero la pelí ya se había acabado. Fue un desastre. ¿Y tú, Manolo, qué tal?

El sábado fui a jugar al fútbol con el equipo del cole. Teníamos un partido con el instituto San Marco y ganamos 3–0. ¡Fue impresionante! Marqué dos goles y me puse súper contento porque ¡soy muy competitivo!

¿Y el domingo?

No hice mucho. Ayudé a mi hermana con sus deberes de matemáticas e hice mis deberes de inglés. Todavía tengo que hacer los deberes de historia, geografía y matemáticas. Me aburrí.

Yo ya los he hecho todos!

1 El fin de semana de Iker fue
   a impresionante **b** divertido **c** un desastre
2 Después de pasear al perro,
   a trabajó dos horas **b** hizo tareas **c** se acostó
3 El sábado Iker
   a hizo deberes **b** jugó al fútbol **c** vio una película
4 Iker
   a ganó 30 dólares **b** no ganó nada **c** no tiene trabajo
5 Manolo
   a jugó para el instituto San Marco **b** entrenó dos horas **c** marcó dos goles
6 Manolo
   a ya no tiene deberes **b** ayudó a su madre **c** va a hacer sus deberes

5 Túrnate con tu compañero/a. Habla sobre el fin de semana pasado. Usa el diálogo de la Actividad 4 para ayudarte.

6 Escribe un párrafo sobre el fin de semana pasado. Incluye tus opiniones. Menciona:
- los deberes
- las tareas
- las actividades

3.3 Me encuentro mal

1 Lee y completa el diálogo.

> fiebre evitar crema pastillas agua duele insolación siento cuántas

- Buenos días. ¿Qué desea?
- No me **1** _____ bien. Pasé el día al sol y tengo una **2** _____.
- ¿Tiene Ud **3** _____?
- Sí, un poco.
- Y ¿Le **4** _____ la cabeza?
- Sí, muchísimo.
- Bueno. Le recomiendo esta **5** _____ para las quemaduras de sol y estas **6** _____ para el dolor de cabeza.
- ¿**7** _____ veces al día tengo que tomarlas?
- Tome dos pastillas cada cuatro horas y póngase la crema cuando lo necesite.
- ¿Algo más?
- Sí, tiene que **8** _____ el sol y beber mucha **9** _____.
- Gracias.

2 Túrnate con tu compañero/a. Haz diálogos en la farmacia. Podéis usar la Actividad 2 en la página 68 del Student's Book para ayudaros, si es necesario.

Problema: tos y fiebre
Solución: jarabe y pastillas
Cuándo: cada tres horas/dos veces al día
Más: beber agua

Problema: picadura de insecto
Solución: loción
Cuándo: tres veces al día
Más: quedarse dentro

Problema: herida en la pierna
Solución: aspirinas y ponerse venda
Cuándo: cada cuatro horas
Más: descansar

3 ¿Acción incompleta o completa? Escribe I (Imperfecto) o P (Pretérito).

1. Cuando eras pequeño, estabas siempre enfermo. _____
2. Compré pastillas y jarabe en la farmacia. _____
3. ¿Fuisteis a la playa? _____
4. Le dolía mucho el estómago y tenía un resfriado. _____
5. Les hacían falta pastillas para el dolor de cabeza. _____
6. Tomamos unas aspirinas y nos sentimos mejor. _____

3 ¿Estás en forma?

4 Completa las frases con la forma correcta del imperfecto o pretérito.

1 Me (sentir) _____ mal, así que (ir) _____ al médico.
2 Nosotros (estar) _____ enfermos, por eso (ponerse) _____ crema antiséptica.
3 Carmen (tener) _____ gripe y (comprar) _____ unas pastillas en la farmacia.
4 A mis hermanos les (doler) _____ la cabeza y se (quedarse) _____ en la cama.
5 ¿Qué te (pasar) _____, Milena? ¿Te (cortarse) _____ el dedo?
6 Santos (estar) _____ cansado y (tener) _____ tos. (tomarse) _____ un jarabe y (descansar) _____.
7 Mis padres (tener) _____ una quemadura solar y (aplicarse) _____ una loción.
8 Me (encontrar) _____ enferma y por eso (tomar) _____ dos cucharadas de esta medicina.

5 Lee el email. Lee las frases y escribe verdadero (V), falso (F) o no mencionado (NM). Corrige las frases falsas.

> ¿Qué tal, Andrés? ¡Qué fin de semana tan cansado! El sábado por la mañana me encontraba muy mal, sin embargo jugué al baloncesto en el polideportivo. Al terminar el partido, vomité y tenía dolor de estómago. Mi madre me llevó al hospital donde esperamos dos horas. Por fin, vi al médico, quien me dio unas pastillas. Tengo que tomarlas cada cuatro horas durante una semana. El domingo descansé unas horas en el jardín y después de despertarme tenía insolación. Me puse una crema para las quemaduras. Ahora tengo dolor de muelas y tengo que ir al dentista mañana por la tarde.
>
> Xavier

1 Xavier participó en el partido de baloncesto. _____
2 Después de llegar a casa Xavier se encontró mal del estómago. _____
3 Su madre lo llevó al hospital en coche. _____
4 No tuvo que esperar en el hospital. _____
5 Tenía que tomar las pastillas seis veces al día. _____
6 Hizo sol el domingo. _____
7 Le gusta pasar tiempo afuera. _____
8 Mañana por la mañana tiene que ir al dentista. _____

6 Escribe un párrafo sobre un fin de semana en el que tú o un miembro de tu familia estuvisteis enfermos. Usa el texto de la Actividad 5 para ayudarte.

_____
_____
_____
_____
_____

→ Gramática: A4 *imperfecto/pretérito* SB p. 241

3.4 Un accidente

1 Escoge los verbos correctos.

1. **Hubo / Había** un accidente en la piscina. Un niño se **cae / cayó**.
2. **Cruzamos / Cruzábamos** la calle cuando un coche **chocó / chocaba** con nosotros.
3. Si es grave, la ambulancia **llega / llegaba** en seguida.
4. **Tuve / Tenía** un accidente. No **vi / veo** al ciclista.
5. Mi amiga se **cortó / cortaba** cuando **estaba / estuvo** de vacaciones.
6. Ahora **tuviste / tienes** una insolación porque no te **ponías / pusiste** crema solar.
7. Mis tíos se **hirieron / herían** en un accidente de automóvil.
8. **Llamaron / Llamaban** a los servicios de emergencia al ver el accidente.

2 Completa el texto con los verbos en la forma correcta.

Hace seis años que **1** (trabajar) _____ como técnico de emergencia sanitaria. Es un trabajo duro pero muy importante e interesante. Normalmente **2** (salir) _____ cuatro veces a la semana en la ambulancia para ayudar a la gente herida en cualquier accidente. El mes pasado, una niña **3** (caerse) _____ de su bicicleta cuando **4** (cruzar) _____ la calle al lado de su casa. **5** (romperse) _____ el brazo y **6** (tener) _____ unas heridas leves en la cabeza. La llevamos al hospital y, como no era muy grave, la niña **7** (volver) _____ a casa después de **8** (ver) _____ al médico. Hoy no tengo que trabajar así que voy a dar una vuelta en bicicleta. ¡Espero no caerme!

3 Lee el texto otra vez y contesta las preguntas.

1. ¿Desde hace cuánto tiempo trabaja como técnico?
2. ¿Le gusta su trabajo? ¿Cómo lo sabes?
3. ¿Trabaja en un hospital? Da la razón.
4. ¿Qué le pasó a la niña? _____
5. ¿Tenía heridas? _____
6. ¿Se quedó la niña en el hospital? _____
7. ¿Qué va a hacer el autor hoy? _____

4 Escribe una descripción breve de un accidente.

3.5 Mente sana en cuerpo sano

1 Lee y completa el texto.

> concentración afecta probarla tranquilamente falta pensando meditación frecuentemente saco

Me preocupa mucho la **1** _____ de concentración. Aún en las clases, **2** _____ mi móvil **3** _____ para leer mis mensajes. Me gustaría hacer los deberes **4** _____ pero siempre uso el móvil para buscar información. Mi amiga Sara me ha dicho que la **5** _____ puede mejorar la **6** _____. Voy a **7** _____ antes de los próximos exámenes. Además, creo que el estrés escolar **8** _____ a muchos jóvenes: a veces no puedo dormir porque estoy **9** _____ en los deberes o los exámenes.

2 Lee y contesta las preguntas.

> Según un sondeo nacional en España, un tercio de los jóvenes españoles solo duermen cinco horas por noche. Los estudios científicos han demostrado que debemos dormir entre seis y ocho horas. ¿Cuáles son las causas de la falta de sueño? Pues que el 45% de los jóvenes tienen el móvil en el dormitorio por la noche. Por lo menos, deben apagarlo o, mejor, dejarlo en otro sitio. Además, el 25% de los jóvenes no hacen ninguna actividad física. Practicar un deporte regularmente ayuda a la concentración y al sueño. La falta de sueño también es dañina para la salud, porque puede causar sobrepeso – cuando no dormimos las horas adecuadas, no nos alimentamos bien.

1 What percentage of Spanish young people get less than the recommended amount of sleep?
_____
2 What do almost half of young people do? _____
3 What percentage of young people do physical activity? _____
4 How does physical activity help? _____
5 Why can lack of sleep cause weight increase?
_____

3 Prepara una pequeña presentación sobre hábitos de sueño y preséntala en clase.

4 Escribe cuatro frases sobre las estadísticas. Usa el texto de la Actividad 2 para ayudarte. Incluye un consejo.

> **El estrés escolar y los jóvenes**
> Al 23% le preocupa el estrés escolar
> El 10% no se puede dormir
> El 5% no quiere comer antes de los exámenes
> El 2% no va al instituto el día de un examen

Extended speaking activity

Hablar: Conversación

Vas a tener una conversación sobre la salud y cómo mantenerse en forma. Responde a las preguntas de tu compañero/a. Después, cambiad de rol. Mirad el vocabulario para ayudaros.

1 ¿Tienes una dieta sana? ¿Por qué (no)?

> **Vocabulario**
> Mi dieta es …
> (No) me gusta comer … y/ni beber …
> (No) me gusta(n) el/la/los/las …
> Suelo comer/beber …

2 ¿Cómo te mantienes en forma?

> **Vocabulario**
> Juego/Hago …
> Soy miembro de …
> Soy aficionado/a al/a la …

3 ¿Qué haces cuando estás enfermo/a?

> **Vocabulario**
> Normalmente …
> Me siento mal cuando/si …
> Me quedo …
> (No) voy a la/al …

4 ¿Qué hiciste recientemente por tu salud mental?

> **Vocabulario**
> Para evitar el estrés, …
> Para relajarme, …
> El fin de semana pasado dormí …
> Tuve un problema con … y por eso hablé con ….

5 ¿Cómo mejorarás tu salud en el futuro?

> ❗ Rather than sticking to *comer*, you can use a wider range of language by using specific verbs such as *desayunar* (to eat breakfast), *cenar* (to eat dinner), or *merendar* (to have an afternoon snack).

> **Vocabulario**
> Voy a comer/beber más/menos …
> Voy a hacer/practicar/descansar/jugar/dormir …
> Voy a evitar …

4 Vamos a salir

4.1 ¿Quieres ir al cine?

1 ¿Qué deciden? Lee y completa el cuadro.

1
- ¡Hola, Miguel! Salimos a cenar esta noche. ¿Quieres venir con nosotros?
- ¡Hola, Francisco! ¿Adónde vais?
- Vamos al restaurante en la Plaza Mayor.
- ¿La pizzería?
- No, el restaurante chino.
- ¿A qué hora?
- A las nueve.
- Pues, tengo que trabajar en la heladería hasta las nueve menos cuarto. ¿Quedamos sobre las nueve y media?
- Vale. Hasta luego.

2
- ¡Selina! ¿Qué tal?
- Bien.
- Voy al teatro con mi madre el sábado que viene. ¿Quieres venir con nosotras?
- Pues, no sé. ¿Qué ponen?
- Algo de Lope de Vega. ¿Nos vemos a las seis y media?
- Vaya, tengo muchos deberes y no creo que pueda salir el fin de semana.
- ¡Qué lastima!

3
- Bruno, ¿Qué tal? Voy a la piscina el domingo. ¿Te apetece?
- El domingo tengo que hacer de canguro de mi hermana menor.
- ¿Prefieres salir el sábado?
- Sí, me va bien. ¿Dónde nos vemos?
- En la estación de metro Segundos. ¿A qué hora?
- ¿A las diez?
- Vale, hasta luego.

4
- Melissa, ¿cómo estás? ¿Quieres ir al cine conmigo?
- ¿Cuándo vas?
- Mañana por la tarde. ¿Qué te parece?
- ¿Qué vas a ver?
- Quiero ver la nueva película de *Los Planetas Misteriosos*.
- No me gustan mucho las pelis de ciencia ficción. ¿Quieres salir a tomar un café?
- Vale. ¿Quedamos a las seis en el café de la esquina?
- Nos vemos a las seis.

	¿Adónde?	¿Cuándo?	¿A qué hora?
1			
2			
3			
4			

2 Lee los textos de la Actividad 1 otra vez y contesta las preguntas.

1. ¿Qué tiene que hacer Miguel? _____
2. ¿A qué hora quiere quedar Francisco? _____
3. ¿Por qué no puede salir Selina el fin de semana?
   _____
4. ¿Qué tiene que hacer Bruno el domingo? _____
5. ¿Dónde quedan Bruno y su amigo? _____
6. ¿Por qué Melissa no va al cine mañana? _____

3 Túrnate con tu compañero/a. Haz diálogos. Si no quieres salir, explica por qué.

ir a la playa   hacer ciclismo   tomar un refresco   jugar al tenis

hacer las tareas domésticas   hacer los deberes   ayudar a mi padre   tener un resfriado

4 Completa la tabla con las formas correctas de los verbos.

jugar	pensar	volver
1	pienso	8
juegas	4	9
2	5	10
jugamos	6	volvemos
jugáis	pensáis	11
3	7	vuelven

5 Escribe las formas apropiadas de los verbos.

1 Natalia, ¿(querer) _____ venir a la discoteca conmigo?
2 (volver, yo) _____ sobre las diez después de la fiesta.
3 Todos los sábados (jugar) _____ al fútbol con mis amigos.
4 Elena (pensar) _____ salir el fin de semana que viene.
5 Mis padres no (volver) _____ a ver la película.
6 Sus hermanos (preferir) _____ jugar al voleibol.

6 Escribe dos mensajes invitando a un/una amigo/a a salir contigo. Menciona:

- cuándo sales
- adónde
- dónde vais a quedar
- la hora

_____
_____
_____
_____
_____
_____
_____

7 Quieres hacer planes con tu compañero/a para el fin de semana. Habla con él/ella utilizando los mensajes de la Actividad 6.

4.2 Los mejores sitios

1 Lee y elige ✓ las cinco frases correctas.

¿Cuáles son los mejores festivales de España?

El Sónar es un gran festival de música electrónica y experimental que tiene lugar cada año en Barcelona. El año pasado fue el festival más grande de su historia con más de 123 000 visitantes.

El Maz Basauri es un festival que se celebra en Bilbao, en el País Vasco, y tiene las entradas menos caras de la mayoría de los festivales españoles. Cuestan desde doce euros ($) por día.

El Primavera Sound es el más internacional de todos los festivales. Acuden turistas de todo el mundo. También tiene lugar en Barcelona, pero afortunadamente no al mismo tiempo que el Sónar.

A finales del verano, se puede ir al festival Kalorama en Madrid. En 2025 es la segunda edición de este festival de un solo día. ¡Mejor para los que prefieren no pasar la noche en una tienda!

1. Sónar es un festival que atrae a gente que se interesa por la historia. ☐
2. El año pasado fue un récord para el festival Sónar. ☐
3. El Maz Basauri es el festival más caro de España. ☐
4. Se puede comprar una entrada para el Maz Basauri por menos de quince euros ($). ☐
5. A los turistas de todo el mundo les gusta visitar el Primavera Sound. ☐
6. El Primavera Sound tampoco tiene lugar en Barcelona. ☐
7. El festival Kalorama empezó en 2024. ☐
8. No necesitas alojamiento para el festival Kalorama. ☐

2 Escribe las frases según tus opiniones usando los superlativos. Da razones.

1. peor / día de la semana
2. mejor / película del año
3. más relajante / pasatiempo
4. más divertido / amigo/a
5. menos difícil / asignatura
6. menos deliciosa / comida

Para mí, el peor día de la semana es el lunes porque tengo que cuidar a mi hermana.

1. _____
2. _____
3. _____
4. _____
5. _____
6. _____

→ *Gramática: A2 superlativos SB p. 237*

3 Túrnate con tu compañero/a. Haz y contesta preguntas sobre el texto de la Actividad 1.

- ¿Qué festival te interesa?
- ¿Prefieres los festivales de un día o los festivales más largos? ¿Por qué?

4 Mira el cartel y lee el diálogo. Contesta las preguntas.

- ¡Hola, Isabel! ¿Quieres salir al cine conmigo esta semana?
- ¿Qué ponen?
- Pues mañana hay una película de terror por la tarde.
- ¡Vaya! ¡No me interesan nada las pelis de horror! ¿Qué más ponen?
- Bueno, ¿te interesa un musical?
- No, creo que los musicales son el tipo de peli más ridículo.
- Vale. ¿Qué te parece *El Hombre Pequeñito*, una película de animación?
- Los dibujos animados son para los niños.
- ¿Quieres ver una comedia romántica?
- Sí, me encantan las comedias románticas. ¿Cuándo la ponen?
- El martes. Hay tres sesiones a partir de las doce y cuarto.
- Vaya, no puedo ir, tengo que trabajar. Doy clases particulares los martes.

1 ¿En qué día están hablando Isabel y su amigo?
_____
2 ¿Qué opina Isabel de las películas musicales? _____
3 ¿Le interesan a Isabel las películas de animación? ¿Por qué?
_____
4 ¿Cuál es su tipo de película favorito? _____
5 ¿Qué película van a ver? _____
6 ¿Qué hace Isabel los martes? _____

5 Túrnate con tu compañero/a. Haz un diálogo usando el cartel de la Actividad 4.

6 Escribe cuatro frases sobre el parque/edificio/cine/… más grande/antiguo/pequeño/… de tu pueblo.
_____
_____
_____
_____

4.3 ¡Que aproveche!

1 Lee el menú y elige qué quieres tomar. Usa las palabras que ya sabes para ayudarte. Después comprueba en un diccionario.

Entrantes
Ensalada de espinacas con nueces
Huevos rotos
Sopa castellana

Platos caseros
Tortilla de patata
Ensaladilla rusa
Croquetas de jamón
Ensalada de bacalao
Patatas con salchichas y pimientos
Alitas de pollo

Nuestros postres
Natillas
Flan
Crema catalana
Helado (de chocolate, café, melón o frambuesa)

---

2 ¿Quién habla? Escribe C (camarero/camarera) o Cl (un cliente).

1. Las alitas de pollo para mí. _____
2. ¿Y para beber? _____
3. Para mí, los huevos como entrante. _____
4. Como no como carne, voy a tomar la tortilla. _____
5. Bien ¿y de segundo plato? _____
6. Nos trae la cuenta, por favor. _____
7. ¿Cómo estaba? _____
8. Buenos días. ¿Qué van a tomar ustedes? _____
9. A ver, ¿qué nos recomienda? _____
10. Pues, voy a tomar la sopa castellana. _____
11. Muy bien. ¿Y de postre? _____
12. Me falta un tenedor. _____

3 Túrnate con tu compañero/a. Haz un diálogo usando el menú de la Actividad 1.

4 Escribe seis frases con el futuro inmediato, usando una forma diferente para cada una.

tomar   beber   comprar   preparar   salir   estudiar   vivir

él   yo   tú   ella   ustedes   vosotros   nosotros

Mañana por la tarde Esteban va a preparar una cena especial.

1 _____
2 _____
3 _____
4 _____
5 _____
6 _____

→ *Gramática:* A4 *futuro inmediato* SB p.240

5 Lee las críticas de los restaurantes y elige El Caballo Rojo, Mi Casita o los dos.

El Caballo Rojo
Si quieres comer bien a buen precio y con ambiente acogedor, ¡mejor que vayas a otro sitio! Llegamos sobre las nueve y no había nadie. Sin embargo tuvimos que esperar media hora. El camarero nos trató sin respeto. La comida estaba fría y asquerosa. Pedí el pescado con patatas y verduras. Las verduras estaban todavía congeladas y el pescado olía fatal. No pedimos ni postre ni café. Nunca vamos a volver.

Mi Casita
Vale la pena visitar esta taberna aunque tuvimos que esperar. Todo estuvo riquísimo: el pescado estaba fresquísimo, con un sabor muy delicado. Los camareros nos atendieron muy bien. Las especialidades de la casa están muy ricas. La camarera me recomendó las gambas a la plancha. ¡Estaban deliciosas! Pero lo mejor fueron los postres. La tarta de almendras estaba buenísima y la próxima vez tomaré la tarta de manzana. No tomamos café porque comimos demasiado. ¡No dejes de visitar este sitio!

	El Caballo Rojo	Mi Casita
1 Voy a volver a comer.		
2 No tomamos café.		
3 Los camareros son simpáticos.		
4 Mi plato preferido fue el postre.		
5 No debes pedir el pescado.		
6 Se recomienda ir a otro lugar.		
7 Hay que esperar.		
8 El pescado le dio asco.		

6 Escribe sobre una comida en un restaurante. Usa las críticas de la Actividad 5 para ayudarte. Menciona:
- los camareros
- lo mejor de la comida
- tu plato favorito
- lo peor de la comida

4.4 Hacemos la compra

1 Elige las opciones correctas.

1 Compré **demasiado / muchas** ciruelas ayer en el mercado.
2 Jordi comió **tantos / pocos** caramelos que vomitó.
3 El mercado tiene **mucho / poco** pescado hoy. Tengo que ir a otro sitio.
4 Mi padre no compró **tantos / bastantes** verduras para la cena.
5 Eliezer ganó **tanto / demasiado** dinero que va a pagar la cuenta entera.
6 Pusiste **demasiado / poco** azúcar. No me gustan las cosas dulces.
7 Tengo **poco / mucho** trabajo que hacer. No puedo salir hoy.
8 Hay **demasiados / bastantes** estudiantes en la biblioteca. No hay lugar para sentarse.

2 Completa la receta con las palabras apropiadas.

> patatas   pon   primero   verduras   pimienta   pelar   después   al final

1 _____, tienes que
2 _____ las patatas y cortarlas en dados.

Luego, tienes que hervir las
3 _____ durante veinte minutos.

Mientras las patatas se hierven, lava las
4 _____ y córtalas en trocitos.

5 _____ un poquito de
6 _____ y de sal.

7 _____, añade las aceitunas y los huevos duros.

8 _____, pon una mezcla de aceite y vinagre.

¡Y que aproveche!

3 Imagina que eres un profesor de cocina. Responde a las preguntas de tus compañeros sobre la receta de la Actividad 2.

- ¿Qué tienes que hacer primero?
- ¿Cuánto tiempo tienes que hervir las patatas?

4 Elige una receta o una comida española y escribe las instrucciones.

4.5 ¡Viva la amistad!

1 **Empareja las preguntas y las respuestas.**

1 ¿Le gustaría ir al cine conmigo el viernes? ☐
2 Quiero presentarte a mi madre. ☐
3 ¿Qué quieres beber? ☐
4 ¿Te gustaría probar la carne? ☐
5 ¿Os gustaría ir de excursión el fin de semana que viene? ☐

a Lo siento. No podemos salir este fin de semana. Tenemos que trabajar.
b ¿Tienes agua con gas?
c No, gracias. Soy vegetariana.
d Encantada de conocerla.
e Sí, me encantaría. ¿Qué ponen?

2 **Estáis en una fiesta de cumpleaños. Túrnate con tus compañeros/as.**

- Quiero presentarte a …
- ¿Te gustaría probar …?
- Me encantaría/No me gustaría …
- Los/Las … son …

3 **Lee y contesta las preguntas.**

El fin de semana pasado fui a una barbacoa en casa de mi mejor amigo Tomás. Fue la primera vez que conocí a sus padres: su madre y su padrastro. También conocí a sus tíos y a sus primos. La comida estaba riquísima. Comí patatas fritas, ternera a la brasa y una ensalada de lechuga, pimientos, tomates y salsa picante. La salsa estaba demasiado picante para mí, pero me gustó mucho la carne. Su padrastro preparó un refresco de limonada con frambuesas. ¡Qué rico! Al salir de la casa di las gracias a su tío y no a su padrastro. ¡Qué vergüenza!
Sergio

1 ¿Qué hizo Sergio el fin de semana pasado? _____
2 ¿Ya conocía Sergio a los padres de Tomás? _____
3 ¿Qué opinó de la comida? _____
4 ¿Qué le gustó más? _____
5 ¿Qué otra cosa le gustó? _____
6 ¿Por qué se sintió avergonzado Sergio al final?
_____

4 **Escribe un párrafo sobre la última vez que saliste a una fiesta en casa.**

_____
_____
_____
_____

Extended speaking activity

4 Vamos a salir

Hablar: Juego de rol

Vas a hacer un juego de rol. Es una conversación con un(a) amigo/a sobre la comida. Haz y contesta las preguntas.

El amigo/La amiga: ¿Cuál es tu plato preferido?
Tú …

> **Vocabulario**
> Mi plato preferido es … /Me gusta comer …

El amigo/La amiga: ¿Con qué frecuencia lo/la comes?
Tú …

> **Vocabulario**
> Lo/La como … veces al día/a la semana/al mes

El amigo/La amiga: ¿Qué ingredientes se necesitan para hacerlo? [PAUSA] ¿Dónde se pueden comprar los ingredientes?
Tú …

> **Vocabulario**
> Se necesita/Necesito … /Los ingredientes son … /Compro los ingredientes …

El amigo/La amiga: ¿Cuándo fue la última vez que cocinaste? [PAUSA] ¿Qué hiciste?
Tú …

> **Vocabulario**
> La semana pasada/ayer/anoche, cociné …

El amigo/La amiga: ¿Qué vas a comer y beber este fin de semana?
Tú …

> **Vocabulario**
> El fin de semana voy a beber/comer …

> ❗ Try to use topic-specific adjectives rather than general ones to show off your range of language, for example you can describe food as 'healthy', 'fatty', 'tasty' or 'delicious' instead of 'good', 'bad' etc.

treinta y nueve

5 El mundo del trabajo

5.1 Buscando un trabajo

1 Lee y ✓ las frases en el futuro.

1. Trabajaré en una pequeña oficina con mi jefa. _____
2. Visitaremos a nuestra tía en el café. _____
3. Sigo estudiando para sacar buenas notas en mis exámenes. _____
4. Mi padre es mecánico pero no tiene trabajo en este momento. _____
5. Tendrá un día libre a la semana. _____
6. Hice mis prácticas en el taller de mis primos. _____
7. ¿Cuántas horas podrás trabajar a la semana? _____
8. ¿Te gustaría trabajar en el extranjero? _____

2 Escribe todas las formas del verbo viajar en el tiempo futuro.

yo	_____	nosotros/as	_____
tú	_____	vosotros/as	viajaréis
él/ella	_____	ellos/ellas	_____

3 Lee los anuncios. Lee las frases y escribe Verdadero (V), Falso (F) o No Mencionado (NM).

1 Se necesita personal para trabajar a tiempo parcial en nuestro gran almacén familiar en el centro de la ciudad. No es imprescindible un buen nivel de inglés. Es necesaria buena presencia y gran capacidad de comunicación. Se ofrece formación. Salario: a convenir.

2 Buscamos administrativo/a con alto nivel de inglés para una empresa comercial. Horario: negociable. Conocimientos de informática esenciales.

3 Se busca socorrista acuático para el Hotel Gran Playa en Puerto de Pollensa para el verano. Imprescindible conocimientos de primeros auxilios. Con periodo de prueba. Horario: dos días a la semana.

4 Se necesita recepcionista para residencia de personas mayores. Dotes de comunicación y organización necesarias. Horario: de las 4 hasta las 6, cuatro días a la semana incluídos los fines de semana.

5 Buscamos personal de limpieza para trabajar en oficinas. Horario: por las tardes. Salario: a convenir. Tareas domésticas: limpieza, pasar el aspirador, etc.

1. Para trabajar en la tienda se necesita hablar inglés. _____
2. Las horas de trabajo en el gran almacén son de las ocho hasta las seis. _____
3. No es necesario tener experiencia para trabajar en el gran almacén. _____
4. Es imprescindible tener conocimientos de informática para trabajar en la empresa. _____
5. Se debe tener buen presencia para trabajar en la empresa comercial. _____
6. El socorrista tiene que trabajar todos los días de la semana. _____
7. No se ofrece trabajo en el hotel durante el invierno. _____
8. Se ofrece formación de primeros auxilios. _____
9. Tiene que ser organizado para trabajar como recepcionista. _____
10. La recepcionista trabajará cuatro días a la semana tres horas al día. _____
11. No se necesita experiencia para el trabajo de limpieza. _____
12. El personal de limpieza trabajará en una casa privada. _____

→ Gramática: A1 *futuro* SB pp. 240–241

5 El mundo del trabajo

4 Haz un diálogo con tu compañero/a imaginando que uno trabaja en una agencia de empleo y el otro busca trabajo. Utiliza los empleos de la Actividad 3.

5 Completa el currículum vitae.

fiable   tienda   vasco   nacimiento   recolección   apellidos   teléfono   agosto

> **Datos personales**
> Nombre y **1** _____: Andrés Vega Sánchez
> Lugar de **2** _____: San Sebastián
> Fecha de nacimiento: 12 de **3** _____ de 2008
> **4** _____: 225 888 1214
> Correo electrónico: andrés@siempre.net
>
> **Idiomas**
> castellano, **5** _____
>
> **Experiencia laboral**
> **6** _____ de fruta en una granja
> asistente en una **7** _____
>
> **Cualidades**
> Organizado, responsable, **8** _____, me llevo bien con la gente

6 Túrnate con tu compañero/a. ¿Cuál sería el mejor trabajo para Andrés? Da razones.

- ¿Puede trabajar en la oficina?
- No, porque no habla inglés.

7 Eres Andrés. Escribe una carta para uno de los puestos de trabajo de la Actividad 3.

> Guipúzcoa 11 de junio
> Muy señor mío:
> _____
> _____
> _____
> _____
> _____
> _____
> _____
>
> Atentamente,
> Andrés Vega Sánchez

> Le escribo en respuesta …
> Soy/Estudio …
> Domino/Hablo el …
> Trabajé como …
> (No) Tengo experiencia de …
> Soy …
> ¿Me podrá …?

8 Túrnate con tu compañero/a. Sois el jefe/la jefa y Andrés. Haz una entrevista para el puesto de la Actividad 7.

- ¿Por qué quiere trabajar como …?
- ¿Qué experiencia laboral tiene?
- ¿Qué cualidades tiene?
- ¿Cuántas horas podrá trabajar?
- ¿Cuándo podrá empezar?

cuarenta y uno

5.2 ¿Cómo será el trabajo?

1 Empareja las descripciones con los lugares de trabajo.

1	Pasearás con los clientes por el jardín, les servirás el desayuno, pasarás un rato charlando con ellos, harás una variedad de tareas de limpieza.
2	Trabajarás en la caja, pondrás y quitarás las mesas, tomarás los pedidos y prepararás las cuentas.
3	Lavarás el pelo de los clientes, contestarás al teléfono, prepararás bebidas para los clientes, aprenderás cómo secar el pelo.
4	Pasearás a los perros dos veces al día y les darás de comer.
5	Asistirás a las reuniones del departamento, ayudarás al personal a preparar los folletos, tendrás la oportunidad de mejorar tus conocimientos de los programas informáticos.

a   refugio de animales
b   peluquería
c   residencia para ancianos
d   estudio de diseño
e   heladería

2 Lee las descripciones de la Actividad 1 otra vez. Lee las frases y escribe los numeros apropiados.

a   ¿En qué trabajo necesitarás buenos conocimientos de matemáticas?
b   ¿Qué trabajo sería mejor para gente habladora?
c   Si tienes alergia a los animales, sería mejor que no hicieses este trabajo.
d   Es un trabajo para los que se interesan por el diseño.
e   Si te interesa la moda y la belleza es un trabajo perfecto.

3 ¿De qué trabajo hablan? Escribe las letras apropiadas.

1   Lo peor para mí será pasar horas en los aeropuertos.
2   Lo que más me gusta es que trabajaré con animales.
3   Lo interesante será saber cómo construir muebles.
4   Lo difícil será caminar tantos kilómetros al día.
5   Lo aburrido para mí serán las reuniones. ¡Espero mantenerme despierta!
6   Lo malo será estar de pie todo el día.
7   Lo fantástico será cobrar un sueldo por jugar.
8   Lo mejor será ayudar la gente en peligro.

a   deportista profesional
b   secretario/a
c   cartero/a
d   dentista
e   auxiliar de vuelo
f   carpintero/a
g   bombero/a
h   veterinario/a

→ Gramática: A3 **lo** + **adjetivo** SB p. 110

5 El mundo del trabajo

4 En grupos pequeños, hablad sobre los trabajos de la Actividad 1.
- ¿Cuáles os interesan?
- ¿Qué será lo mejor/peor/interesante/aburrido …?

5 Escribe cinco frases que expresen tu opinión sobre un puesto de trabajo usando *lo* + adjetivo.

_____
_____
_____
_____
_____

6 Reescribe dos de las descripciones de la Actividad 1: (a) usando *usted*; (b) usando *yo*.

(a) Ayudará a los clientes …
(b) Ayudaré a los clientes …

_____
_____
_____
_____
_____
_____

7 Escribe dos descripciones de un puesto de trabajo. Utiliza personas diferentes de los verbos en cada descripción.

> asistir a reuniones   atender a los clientes   servir a los clientes   cuidar a …
> jugar con los niños   barrer el suelo   distribuir el correo   arreglar los materiales

El año pasado, mi hermana mayor trabajaba en una tienda de ropa. Los clientes eran algo maleducados pero …

_____
_____
_____
_____
_____
_____
_____
_____
_____

→ *Gramática:* A5 **lo + adjetivo** SB p. 110

5.3 ¿Dígame?

1 Lee cada frase. Subraya los pronombres de objeto directo y rodea con un círculo los pronombres de objeto indirecto. Elige la forma que corresponde, *a* o *b*.

1 Vamos a visitar<u>las</u> mañana por la mañana. | a | (a) a nuestras abuelas (b) la tienda
2 Está leyéndome un libro muy interesante. | | (a) a ti (b) a mi
3 ¿Puedes darnos dos bocadillos de tortilla? | | (a) a vosotros (b) a nosotros
4 La vi ayer por la noche. ¡Qué miedo! | | (a) a Juan (b) la película
5 Normalmente lo mando cada día sobre las dos. | | (a) el correo electrónico (b) a mi hermana
6 Las encontraste en el cuarto de baño. | | (a) las zapatillas (b) a los niños
7 Os enseña español y francés. | | (a) a ti (b) a vosotros
8 Sí, le di mi dirección anteayer. | | (a) a Arturo (b) el juego

2 Elige los pronombres correctos.

1 No encuentra su móvil. No **lo / la / le** encuentra.
2 Prestamos los libros a nuestros vecinos. **Las / Les / Los** prestamos los libros.
3 Diré la verdad a ustedes. **Los / Las / Les** diré la verdad.
4 Ponemos la televisión en el dormitorio. **Le / La / Lo** ponemos en el dormitorio.
5 No puedo dar la ropa a vosotros. No **os / les / nos** puedo dar la ropa.
6 ¿Comprarás algo para mí? ¿**Me / Te / Le** comprarás algo?

3 Reescribe las frases con los pronombres correctos.

1 Vamos a ver el programa esta tarde.
   _____

2 Puedes venir a visitar a nosotros el fin de semana.
   _____

3 ¿Estás buscando tu mochila?
   _____

4 Estáis escribiendo el correo electrónico ahora mismo.
   _____

5 Escribí a los gemelos.
   _____

6 Estudias matemáticas desde hace dos años.
   _____

5 El mundo del trabajo

4 Escribe un resumen del dialogo en inglés. Luego, túrnate con tu compañero/a y practica el diálogo.

- ¿Dígame?
- Quisiera hablar con el Sr. Martín.
- Le comunicaré en seguida.
- Bien, gracias.
- No cuelgue, por favor.
- Vale.
- Lo siento, no contesta el teléfono.
- No importa. ¿Me puede dar el número de su móvil?
- El 0170 992 554.
- De acuerdo, gracias.
- No hay de qué.

_____

_____

5 Túrnate con tu compañero/a. Haz diálogos.

1 La Sra. Ruiz no está.
2 Se equivocó de número.
3 Quiere dejar un mensaje.

6 Lee y completa el correo electrónico.

le   serán   confirmar   almorzaré   mis   trabajaré   pongo   empezaré

18 de mayo
Estimada señora:
Me **1** _____ en contacto con usted para **2** _____ los detalles de **3** _____ prácticas de trabajo para el mes que viene. **4** _____ el lunes 15 de junio a las nueve.
5 _____ ocho horas al día hasta el viernes 19 de junio. Las prácticas **6** _____ en su oficina del centro de la ciudad. **7** _____ en la cafetería de la compañía desde la una hasta las dos. Pasaré un día en el departamento de marketing, dos días en el departamento de diseño y otros dos días en el departamento de contabilidad. **8** _____ adjunto mi currículum.
Atentamente
Ana González

7 Imagina que vas a hacer unas prácticas de trabajo. Escribe un correo electrónico para confirmar los detalles. Usa el texto de la Actividad 6 para ayudarte. Menciona:

- las fechas
- el horario
- lo que harás

5.4 Problemas en el trabajo

1 Lee el artículo y contesta las preguntas.

Los cinco problemas a evitar en tus prácticas de trabajo

Ya viene la temporada de las prácticas de trabajo para los estudiantes de 16 años. Antes de empezarlas este año, ofrecemos aquí unos consejos para pasarlo mejor que nunca.

1 ¿No tienes nada que hacer? ¿Estás aburrido? Pues pregúntale a tu jefe cómo puedes ayudar. Estás allí para aprender, ¡hazlo!

2 ¿Quieres pasar tiempo en tu móvil? No debes malgastar tu tiempo en las redes sociales – son una pérdida de tiempo. Tienes que concentrarte en las tareas.

3 ¿No entiendes lo que tienes que hacer? No te quedes callado – pregunta a tus colegas. Las personas más listas son las que preguntan.

4 ¿Te gusta despertarte tarde? Sé responsable. Debes llegar a tiempo y listo para trabajar. Si tienes que llevar un uniforme, debe estar limpio.

5 ¿Te preocupas? Si no te va bien, no te preocupes. La experiencia vale la pena: aprenderás algo.

1 ¿De qué trata el artículo? _____
2 ¿Cuándo debes leer el artículo? _____
3 ¿A quién debes preguntar si no tienes nada que hacer? _____
4 ¿Las redes sociales son útiles para las prácticas? _____
5 ¿Qué debes hacer en vez de usar el móvil? _____
6 ¿Qué debes hacer si no entiendes algo? _____
7 ¿Qué aconseja el artículo sobre el uniforme? _____
8 ¿Por qué no debes preocuparte? _____

2 Lee el artículo otra vez y completa las frases en inglés.

1 The article offers advice on _____
2 You're there to _____
3 You must _____
4 The smartest people _____
5 You should arrive on time and _____
6 Don't worry if _____

3 Como eres un alumno con experiencia, el colegio te pide que des una charla a alumnos más jóvenes con consejos sobre el mundo laboral. Utiliza las ideas del artículo de la Actividad 1 como orientación.

4 Completa las frases con la forma correcta del imperfecto continuo.

1 Carlos llamó cuando (write – we) _____ cartas.
2 Mientras (work – I) _____, los empleados no hacían nada.
3 A las once, (make – they) _____ café.
4 No contestó al teléfono porque (wash – she) _____ el coche.
5 ¿(take – you, sing.) _____ los pedidos cuando a la otra camarera se le cayó el plato.
6 No (help – you pl.) _____ a clientes cuando el jefe llegó.

→ *Gramática: A4 imperfecto continuo* SB p. 241

5 El mundo del trabajo

5 Lee los textos y elige el lugar correcto para cada persona.

parque zoológico   cocina   departamento de diseño web   centro de llamadas   parque

El verano pasado hice mis prácticas de trabajo. Pasé una semana trabajando al aire libre. Cortaba el césped, plantaba las flores y mantenía limpios los senderos. Lo peor del trabajo fue que pasaba horas en los invernaderos donde hacía muchísimo calor. Al final del día siempre me dolía la espalda y tenía mucha sed.
Sergio

Hace dos meses hice tres días de prácticas. Aunque me gusta estar al aire libre, lo pasé muy mal. Las jaulas estaban tan sucias que tenía que limpiarlas dos veces al día. Mis colegas no eran muy amables y no me hablaban. Los animales apenas tenían bastante para comer y me preocupaban mucho.
Alicia

Acabo de hacer mis prácticas de trabajo. Tenía que trabajar más de de lo que esperaba y ni siquiera tenía tiempo para comer. El trabajo era aburridísimo – me pasaba las horas mirando la pantalla del ordenador y contestando el teléfono. Los clientes eran maleducados y mis colegas estaban tan estresados que ninguno me hablaba.
Mari Carmen

6 Lee otra vez y busca las frases en español.

1 I kept the paths clean
2 I spent hours in the greenhouses
3 my back hurt
4 the cages were so dirty
5 my colleagues weren't very friendly
6 the animals only just had enough to eat
7 I've just done my work experience
8 I didn't even have time to eat
9 the work was really boring
10 the clients were rude

7 Imagina cómo es un día de trabajo típico en uno de los lugares de la Actividad 5 que sobran. Usa los textos para ayudarte.

5.5 El futuro

1 Escribe frases usando el infinitivo. Da razones. Escribe dos frases nuevas para ti.

> quiero   me gustaría   pienso   espero   me encantaría   tengo la intención de

> tomarme un año sabático   seguir estudiando   encontrar trabajo
> ir a la universidad   sacar buenas notas   trabajar en el extranjero

Pienso tomarme un año sabático porque quiero viajar.

1 _____
2 _____
3 _____
4 _____
5 _____
6 _____
7 _____
8 _____

2 Completa las frases con los verbos en tiempos apropiados.

1 Si (sacar) _____ buenas notas, (ir) _____ a la universidad. (yo)
2 Si (ir) _____ al extranjero, (tener) _____ que estudiar idiomas. (tú)
3 Si (mejorar) _____ su español, Eliezer (viajar) _____ por América Latina. (él)
4 Si (conseguir) _____ una licenciatura, (ganar) _____ un buen salario. (vosotros)
5 Si (trabajar) _____ como abogado, (luchar) _____ por los derechos humanos. (usted)
6 Si (hacer) _____ una formación profesional, (buscar) _____ trabajo como mecánicos. (ellos)

3 Lee y contesta las preguntas.

Rafaela: Tengo la intención de seguir estudiando pero todavía no sé qué estudiaré. Voy a tomarme un año sabático para viajar y decidir lo que voy a hacer.

Máximo: No espero viajar. Los idiomas me aburren, por eso pienso ir a la universidad para estudiar ciencias. Tendré que sacar buenas notas para ser médico.

Ariana: A mí me interesa hacer una formación profesional porque no me gustaría ir a la universidad. Quiero seguir estudiando pero a la vez quiero ganar un sueldo.

Hugo: Quiero mejorar mi francés y vivir en el extranjero. Pero me encantaría ser artista también. Tengo la intención de hacer una formación profesional y trabajar como diseñador. ¡Ojalá llegue a vivir en Francia!

1 ¿Qué va a estudiar Rafaela? _____
2 ¿Qué hará Rafaela en su año sabático? _____
3 ¿A quién no le interesa ir a la universidad? _____
4 ¿Qué va a hacer Ariana mientras gana un sueldo? _____
5 ¿Qué no le interesa a Máximo? _____
6 ¿Qué trabajo quiere hacer Máximo? _____
7 ¿Quién quiere vivir en otro país? _____
8 ¿A quién le interesan los idiomas? _____

5 El mundo del trabajo

Extended speaking activity

Hablar: Conversación

Vas a tener una conversación sobre el mundo del trabajo. Responde a las preguntas de tu compañero/a. Después, cambiad de rol. Mirad el vocabulario para ayudaros.

1 ¿Cómo te describirías como trabajador/a?

Vocabulario
Soy una persona …
Siempre soy …
Es importante ser …

2 ¿Cómo pueden ganar dinero los jóvenes?

Vocabulario
Se puede …
Trabajo/Ayudo …
Trabajar a tiempo parcial es …
Mis amigos trabajan/ayudan …

3 En tu opinión, ¿cuáles son las ventajas o desventajas de hacer prácticas laborales?

Vocabulario
Es importante porque …
No es necesario porque …
Si haces las prácticas laborales, …

4 ¿Te gustaría trabajar en una oficina?

Vocabulario
Sí/No, porque …
Preferiría trabajar en …
Pienso que trabajar en una oficina será …

5 ¿En qué vas a trabajar en el futuro?

When talking about the future, you can use the immediate future (*voy a trabajar*), the simple future (*trabajaré*), or the conditional (*trabajaría*).

Vocabulario
Me gustaría …
Trabajaré como …
Me interesa trabajar con …

cuarenta y nueve **49**

6 De vacaciones

6.1 Fuimos de viaje

1 Pretérito o imperfecto? Elige la opción correcta.

1 **Llovió / Llovía** mucho esta mañana en todo el país.
2 **Hacía / Hizo** demasiado calor toda la semana.
3 Anteayer **había / hubo** una tormenta increíble. ¡Qué susto!
4 ¿**Nevaba / Nevó** cuándo saliste?
5 Por las noches **hubo / había** frío.
6 El cielo **estuvo / estaba** despejado con temperaturas muy bajas.
7 A veces **había / hubo** niebla.
8 Por primera vez, esta mañana **había / hubo** escarcha en la costa.

2 Lee el blog de Susana y elige las cinco frases correctas.

1 Susana pasó dos meses viajando por América del Sur.
2 Visitó tres países: Ecuador, Perú y Colombia.
3 Hubo una tormenta en las montañas de Colombia.
4 No se podía subir a las montañas.
5 El Parque Nacional Sangay se ubica en Perú.
6 A Susana le gustó la visita guiada.
7 No vive nadie en el parque nacional.
8 Lima es una ciudad tranquila con poca gente.
9 Los anticuchos son una comida típica de la capital de Perú.
10 Susana pasó un día en la costa.
11 A Susana no le gusta el calor.
12 Susana fue a una playa vacía.

El verano de mis sueños

El verano pasado tuve la oportunidad de pasar seis semanas viajando por América del Sur. Visité tres países: Ecuador, Perú y Chile. Quería ir a Colombia también, pero hubo una tormenta terrible que provocó inundaciones en las montañas y las rutas estaban cerradas.

Empecé el viaje en Ecuador, donde visité el Parque Nacional Sangay. Hay tres volcanes en el parque y muchos bosques y animales en peligro de extinción. Hice una visita guiada muy interesante y aprendí mucho sobre la gente que vive allí.

Después fui en avión a Lima, la capital de Perú. Es una ciudad muy animada con mucha gente y ruido. Comí la comida típica de Lima que se llama anticuchos. Consiste en carne asada a la parrilla con chile y vinagre. ¡Qué rico!

Finalmente, viajé durante 15 horas en autocar hasta Chile. ¡Qué viaje tan largo! Pasé una semana en la costa en Puerto Viejo. Hacía muchísimo calor y había poca sombra pero a mí me gustan las temperaturas altas. Me bañé en el mar y me tumbé al sol. Un día alquilé una moto y fui a una playa tranquila donde no se veía a nadie. Fue un viaje inolvidable y espero volver algún día.

3 Túrnate con tu compañero/a. Pregunta y contesta sobre el blog de la Actividad 2.

- ¿Te interesa ir solo/a a América del Sur?
- ¿Por qué (no)?

6.2 ¿Qué tipo de vacaciones te gustan?

1 Lee el folleto y escribe los títulos en el lugar apropiado.

1

Ciudad La Hermosa es el destino turístico para todos. Tenemos playa, montaña, buen clima y gente acogedora. ¿Le gustan las compras? Venga a nuestros mercados callejeros con gran variedad de objetos a buen precio. ¿Le apetece comida rica, pescado fresquísimo, con un buen surtido de frutas y verduras cultivadas en pueblos cercanos? Nuestros restaurantes y cafeterías le ofrecen los mejores platos del país.

2

Para los amantes de la aventura no deben faltar las montañas. Podrán esquiar o hacer senderismo por un paisaje maravilloso. Subirán a las montañas en el teleférico recién construido. Les transportará mil metros en pocos minutos con vistas panorámicas inolvidables. Nuestros guías locales les ayudarán a conocer las montañas y a descubrir lugares escondidos.

3

¿Prefiere tumbarse al sol en una playa hermosa con vistas al mar? Cada día limpiamos las playas de madrugada para ofrecerle una experiencia inmaculada. Si prefiere unas vacaciones con acción, hay una gran oferta de actividades: windsurf, parasailing, kitesurf, y mucho más.

4

¿Le gustaría visitar museos y ver monumentos? El centro histórico de la ciudad ofrece unos edificios antiguos de gran interés para los turistas. Además, tenemos el Museo de Arte Contemporáneo, diseñado por la arquitecta más famosa de nuestro país.

Ciudad La Hermosa: le prometemos unas vacaciones inolvidables para todos los gustos.

No solo sol y mar   Cultura para todos   Por las nubes   El destino perfecto

2 Lee el folleto otra vez y busca los sinónimos.

1 tiempo
2 agradable
3 no tan caro
4 variedad
5 no muy lejos
6 no incluir
7 poco conocidos
8 acostarse
9 por la mañana temprano
10 viejos

3 Túrnate con tu compañero/a. Pregunta y contesta sobre el folleto de la Actividad 1.

- ¿Dónde se puede ir a comprar?
- ¿Qué se puede comer?
- ¿Qué te interesa más?

4 Elige los adjetivos apropiados.

1 Hay muchas actividades deportivas **cada / mismo / vario** día.
2 No sabe hablar **otro / otras / otros** idioma.
3 Preferimos ir al **mismos / misma / mismo** lugar en verano.
4 Ofrecen **varias / mismas / otros** excursiones.
5 **Todos / Otros / Varios** los hoteles están llenos. ¿Qué vamos a hacer?
6 El guía me dijo que hay **varias / varios / vario** monumentos históricos en el centro.
7 ¿Me puede traer **todo / otro / cada** tenedor?
8 **Cada / Todo / Mismo** año vamos a visitar a mi abuela.

5 Lee sobre las preferencias de vacaciones de Alberto. Elige la oferta adecuada para él y escribe por qué.

Lo más aburrido para mí son las vacaciones culturales. No me gustan nada los museos ni las galerías. ¡Qué rollo! Me gustan las vacaciones activas, pero no puedo soportar el calor. El año pasado fuimos a la costa y hacía demasiado calor, no podía hacer actividades en la playa como el parasailing o el surf. Pasé todo el tiempo en la habitación con el aire acondicionado. Cada día mi familia salía a la playa o a la piscina para tumbarse al sol.

Hotel Sol y Mar
Al lado de la costa mediterránea, disfrute de nuestras actividades en la playa para los días soleados y cálidos.

Trekking África
Un viaje inolvidable a la cima del Kilimanjaro seguido de una semana de sol y descanso en las playas de la costa atlántica.

Cursillos de esquí para todos niveles

Andorra te ofrece los mejores cursillos de esquí, bien para iniciarte en el deporte o para perfeccionarte. Hay hoteles a pie de pista para no perder tiempo.

La Tarjeta Cultural
Le ofrecemos la entrada combinada a nuestros museos con la Tarjeta Cultural. Cuatro museos a un precio mucho más económico.

6 Túrnate con tu compañero/a. Pregunta y contesta sobre las vacaciones que prefieres. Usa la información de las Actividades 1 & 5 para ayudarte. Apunta los detalles.

- ¿Qué te parece el Trekking África/la Tarjeta Cultural/los cursillos de esquí …?
- ¿Te gustan las vacaciones activas? ¿Por qué (no)?
- ¿Te interesan las vacaciones culturales? ¿Por qué (no)?

7 Escribe un párrafo sobre lo que le gusta y no le gusta a tu compañero/a usando tus apuntes de la Actividad 6.

6.3 ¿Dónde nos alojamos?

1 Lee el sitio web. En tu opinión, ¿cuál es el alojamiento más caro? Busca en un diccionario las palabras que no puedas descifrar.

Las ofertas de la semana

1 Pensión Cruz
Habitaciones dobles o individuales con o sin baño. Desayuno incluido. Dos habitaciones familiares para cuatro personas. Situada en el centro de la ciudad a cinco minutos de la estación de ferrocarril. Precios bajos.

2 Camping Bon Sol
Estamos abiertos todo el año. Una variedad de parcelas de tamaños diferentes y acampada libre para las tiendas. Tenemos un supermercado, una pizzería y una piscina climatizada. A 15 minutos de la costa.

3 Apartamentos Bellasvistas
Nuestro bloque de pisos le ofrece todas las comodidades del hogar: cocina, salón … Algunos tienen balcón también. De una hasta cuatro personas a precios razonables. En el centro mismo de la ciudad, a diez minutos andando de los museos y monumentos.

4 Hotel San Remo
Nuestro hotel de cinco estrellas, en la tranquilidad de las afueras de la ciudad, le ofrece habitaciones individuales y dobles de lujo. Todas con aire acondicionado, wifi gratis y televisión. Tenemos dos piscinas climatizadas, una de ellas al aire libre, un gimnasio y una sauna: todo ello gratis para nuestros clientes. No olvide nuestros bonitos jardines para descansar. Disfrute de nuestros tres restaurantes.

5 Hostal Don Carlos
Nuestro pequeño albergue rural en pleno campo tiene cuatro habitaciones: dos para seis personas y dos para ocho. Jardín y terraza con barbacoa. Aire acondicionado y cocina. Ven a disfrutar de la paz rural a precios económicos. Bicicletas disponibles.

2 Lee el sitio web otra vez y elige la opción correcta para cada persona.

Sara: Al final del curso, vamos a hacer un viaje en grupo. Somos diez y queremos relajarnos en algún sitio tranquilo. Nos gustaría montar en bici o hacer senderismo.

_____

Xavi: Este verano voy de vacaciones con mi familia. Somos cuatro y, como tengo alergias, preferimos cocinar nosotros. Nos interesan unas vacaciones culturales en una ciudad.

_____

Daniel: Acabamos de comprar una caravana y vamos a hacer un recorrido largo por el país. Empezaremos en la costa y buscamos un sitio donde se pueda comprar, cenar y relajarse.

_____

3 Túrnate con tu compañero/a. ¿Qué alojamiento prefieres y por qué?

4 Lee y completa el correo electrónico. ¿Qué alojamiento de la Actividad 1 quiere reservar Jordi?

podría saber alojamiento hasta cama ambas individual gratuitos decir quisiera

Estimados señores

1 _____ reservar dos habitaciones: una con una
2 _____ doble y otra con una **3** _____ para tres
noches, desde el 5 **4** _____ el 8 de julio.
¿Me **5** _____ confirmar el precio del **6** _____ para
estas fechas? ¿Me podría **7** _____ si las piscinas están
8 _____ al aire libre? También quisiera **9** _____ si
la sauna y el gimnasio son **10** _____ para los clientes.

Les saluda atentamente

Jordi Ríos

5 Completa las frases con los pronombres posesivos correctos.

1 ¿Dónde está tu móvil? (mine) _____ está en el salón.
2 Nuestra habitación es más pequeña que (theirs) _____.
3 El hotel no tiene aire acondicionado pero (yours sing.) _____ sí lo tiene.
4 No tenemos bicicletas. ¿Nos puedes prestar (yours pl.) _____?
5 Tus maletas son menos viejas que (ours) _____.
6 ¿Tu número de teléfono es el 00 88 77 151? No, no es (mine) _____.
7 Perdí mis llaves. ¿Son estas (yours formal) _____?
8 Esta toalla es (mine) _____ y aquella es (hers) _____.

6 Escribe un correo electrónico para reservar sitio en uno de los alojamientos de la Actividad 1. Usa el texto de la Actividad 4 para ayudarte. Incluye:

- las fechas
- las personas
- dos preguntas

→ *Gramática: A5 **pronombres posesivos** SB pp. 235–236*

6.4 De viaje

1 Lee el sitio web y contesta las preguntas.

Consorcio Regional de Transporte

Tu transporte público
Aquí puedes descubrir todo lo necesario para tus viajes, combinando diferentes modos de transporte para llegar adonde quieras.

tranvía
Cinco líneas con 61 estaciones por toda la ciudad, desde el centro urbano hasta las zonas residenciales.

metro
Una red enorme de 12 líneas con más de 250 estaciones: la forma más rápida, cómoda y segura de atravesar la ciudad.

autobús
La ciudad cuenta con una red de más de 15 000 servicios al día, desde las 6.30 hasta las 23.00. Por la noche, funciona la red nocturna con servicios en la mayoría de las líneas, dos veces a la hora.

tren
La red ferroviaria incluye diez líneas, una de ellas con parada en el aeropuerto, y con servicio las 24 horas. Los trenes interurbanos permiten conectarse con ocho ciudades de la región.

Tarifas
Una gran variedad de billetes y abonos. Haz clic aquí para saber más: billetes y tarifas. Te pedimos disculpas mientras el sitio web está en construcción, por lo que en este momento no es posible reservar billetes.

1 ¿Cuál es el transporte más seguro? _____
2 ¿Qué transporte debes utilizar para llegar al aeropuerto? _____
3 ¿Cuántas líneas tiene la red de tranvía? _____
4 ¿Qué transporte sería mejor para ir al centro a las dos de la madrugada? _____
5 Si quieres ir a otra ciudad, ¿cuál sería la mejor forma de transporte? _____
6 ¿Cuántas veces al día sale un autobús? _____
7 ¿Qué modo de transporte tiene más estaciones? _____
8 ¿Se pueden comprar billetes en este sitio web? _____

2 Lee los diálogos y elige el modo de transporte apropiado de la Actividad 1.

1 _____   2 _____   3 _____

1
- Buenos días, ¿le puedo ayudar?
- Sí, ¿me podría decir si hay un tranvía que vaya al centro de la ciudad desde aquí?
- ¡Como no! ¿Quiere salir ahora mismo?
- Pues no, tengo que irme muy temprano, sobre las cuatro y media de la mañana.
- Bueno, entonces, sería mejor …

2
- Buenas tardes. Necesito comprar un billete de ida y vuelta a Ocho Ríos.
- Lo siento, señora, pero los autobuses solo pasan por la ciudad misma y no salen fuera.
- ¡Vaya! ¿No se puede ir a Ocho Ríos en autobús?
- No, pero hay …

3
- ¿A qué hora sale el autobús para el centro?
- El próximo sale en cuarenta minutos.
- ¿Cuarenta minutos? ¡Hombre! Voy a llegar tarde …
- La estación de … está a dos minutos caminando de aquí. Será más rápido.

3 Túrnate con tu compañero/a. Haz diálogos usando la Actividad 2 para ayudarte.

4 Escribe cinco frases usando el superlativo con *lo*, usando un adjetivo y forma de transporte diferente.

> rápido   caro   cómodo   saludable   malo

> ir en metro   ir de vacaciones   ir en avión   viajar en tren   ir a pie

Ir a pie al instituto es lo más saludable porque estás al aire libre.

1 _____
2 _____
3 _____
4 _____
5 _____

5 Lee el texto y elige las opciones correctas.

Mi viaje de pesadilla

Normalmente voy de vacaciones con mi familia, pero hace un mes ellos fueron a visitar a mi abuelo en el campo. Tuve la oportunidad de ir de vacaciones con mis amigos para celebrar el fin de curso. Intentamos pasar una semana en la costa en un hotel de cuatro estrellas, pero solo logramos tres noches debido al tiempo, los transportes y el equipaje. Te contaré la historia …

Primero, fuimos al aeropuerto en tren, pero el tren no llegó a la estación porque otro tren estaba estropeado en el andén. Tuvimos que tomar un taxi. Hubo un retraso de dos horas y llegamos demasiado tarde para el vuelo. Nos dijeron que era el último vuelo del día y tuvimos que quedarnos en un hotel cerca del aeropuerto.

Al día siguiente hubo una tormenta increíble y se cerró el aeropuerto. Por eso tuvimos que ir en autobús a otro aeropuerto a unos cien kilómetros …

1 Marisol fue de vacaciones   **a** con su abuelo   **b** con su familia   **c** con sus amigos
2 Pasó   **a** una semana en un hotel   **b** una semana con su abuelo   **c** tres noches en un hotel
3 El tren   **a** llegó dos horas más tarde   **b** no llegó a la estación   **c** se estropeó
4 Llegó al aeropuerto   **a** en taxi   **b** en avión   **c** en tren
5 Su vuelo   **a** se retrasó   **b** despegó sin algunos pasajeros   **c** salió al día siguiente
6 Al día siguiente   **a** volvió al aeropuerto   **b** salió en autobús   **c** viajó cien kilómetros a otro aeropuerto

6 Escribe el próximo párrafo del viaje de pesadilla de la Actividad 5. Puedes incluir:

- problemas con el equipaje
- el tiempo
- enfermedades
- otros problemas

_____
_____
_____
_____
_____

→ Gramática: A4 **lo** + *más/menos* + *adjetivo* SB p.132

6.5 ¡Qué desastre!

1 Cambia las frases al pretérito perfecto.

1 Estamos visitando a mis tíos y vamos a montar a caballo.
___
2 ¿Viste la nueva peli de *La Guerra de las Estrellas*?
___
3 ¿Adónde fuisteis de vacaciones?
___
4 Nunca pierdo un tren.
___
5 Se rompió el brazo y además se torció el tobillo.
___
6 Leyeron todos los libros de la casa y no les gustó ninguno.
___
7 Usted hizo las compras antes de volver a casa.
___
8 Iré al extranjero y buscaré trabajo.
___

2 Lee el mensaje y pon las frases en el orden correcto.

> Bueno, esto es lo que ha pasado desde mi último mensaje … Primero, ayer dormí tres horas al sol y he tenido una insolación. He ido a la farmacia, me han dado una crema y he tomado dos aspirinas para el dolor de cabeza. Esta mañana me he levantado temprano, he montado en bici y he visitado a mis primos que viven cerca de aquí. Hemos pasado dos horas jugando en la videoconsola y después hemos comido una pizza. Hemos bebido tantas gaseosas que ahora me siento un poco mareado. Creo que voy a vomitar …

a Tengo un pinchazo, ¿me puedes prestar la tuya? ☐
b ¿En qué puedo ayudarle? ☐
c ¿Qué hora es? Son las siete y media de la mañana. ☐
d ¡Qué cansado estoy! Voy a acostarme un rato. ☐ 1
e Toma dos cada cuatro horas. ☐
f ¡Uf! Me duele el estómago. ☐
g ¿Cuál prefieres, cuatro quesos o chorizo? ☐
h ¡Ay, me duelen los brazos y las piernas! ☐

3 Túrnate con tu compañero/a. Describe un día de desastres, ya sea en casa o en vacaciones.

- Me he levantado tarde y he perdido el autobús porque no sonó el despertador …
- ¿Y después?

→ *Gramática:* A1 *pretérito perfecto* SB pp. 241–242

Extended speaking activity

Hablar: Juego de rol

Vas a hacer un juego de rol. Es una conversación con un(a) amigo/a sobre las vacaciones. Haz y contesta las preguntas.

El amigo/La amiga: ¿Qué tipo de vacaciones te gusta?
Tú …

Vocabulario
Me gusta ir a/visitar …

El amigo/La amiga: ¿Dónde prefieres alojarte?
Tú …

Vocabulario
Prefiero alojarme en … /Mi alojamiento preferido es …

El amigo/La amiga: ¿Te gustan las vacaciones en tu ciudad? [PAUSA] ¿Por qué (no)?
Tú …

Vocabulario
(No) me gustan las vacaciones en mi ciudad, porque (no) hay/ (no) se puede …

El amigo/La amiga: Describe un problema que hayas tenido en las vacaciones.
Tú …

Vocabulario
En mis últimas vacaciones/ El año pasado, tuve un problema con …

El amigo/La amiga: ¿Cómo serían tus vacaciones ideales?
Tú …

Vocabulario
Mis vacaciones ideales serían en/con …

Although you won't be asked *por qué* (why) after every question, it is always a good idea to justify your opinions whenever you can. Use *porque* (because).

7 El tiempo libre

7.1 ¿En qué te gastas el dinero?

1 ¿En qué gastan el dinero? Lee las frases y completa el cuadro.

1. No recibo nada de mis padres, pero tengo un trabajo a tiempo parcial, así que gasto todo mi dinero en revistas de moda. ¡Me encantan los diseñadores de alta costura!

2. Mi madre me da treinta dólares al mes. Tengo que pagar los gastos de transporte escolar y junto lo que sobra. Quisiera comprar un móvil nuevo, pero tendré que juntar más dinero.

3. Recibo cuarenta dólares al mes de mis padres. Lo gasto todo en maquillaje: máscara de pestañas, lápiz de labios y base de maquillaje. Quiero siempre estar a la moda.

4. Mis padres me dan doce dólares a la semana. Lo gasto todo en zapatillas de deporte. Me gusta comprar zapatillas de marca. Ayer compré unas zapatillas de segunda mano en Internet. ¡Hay muchas gangas!

5. Mi padre me da cincuenta dólares al mes y lo gasto todo en mi móvil. Me gusta descargar juegos nuevos y gasto 25 dólares en la tarifa mensual.

6. Mi pasatiempo favorito es ir de compras y suelo gastar toda la paga en la ropa. Prefiero comprar prendas de segunda mano. Puedes encontrar ropa y artículos con mucho estilo y, como no cuestan tanto, ¡puedo comprar un montón!

7. Soy seguidora del Independiente y voy a todos sus partidos. Mis padres me dan treinta dólares al mes y también trabajo en una heladería dos veces a la semana para comprar las entradas.

8. Me gasto todo el dinero en ir al cine, comer comida rápida e ir a la piscina, ya que me gusta salir con mis amigos los fines de semana. Recibo cuarenta dólares al mes de mis padres.

	moda	deporte	móvil	transporte	leer	divertirse	otras compras
1							
2							
3							
4							
5							
6							
7							
8							

2 En grupo. Haz un sondeo sobre la paga. Escribe un párrafo sobre los resultados.

- ¿Cuánto recibes al mes/a la semana?
- ¿En qué te gastas la paga?
- ¿Tienes un trabajo?
- ¿Estás ahorrando para comprar algo?

3 Completa los verbos con las formas correctas del subjuntivo.

	-ar verbs hablar	-er verbs comer	-ir verbs vivir
yo	hable		
tú		comas	
él/ella/usted			viva
nosotros		comamos	
vosotros	habléis		
ellos/ellas/ustedes			vivan

→ *Gramática:* A3 **presente de subjuntivo** SB pp. 243–244

4
Lee y completa el párrafo con las formas correctas de los verbos. ¡Cuidado, algunos no tienen que cambiar!

¡Hola! **1** (ser) _____ cinco en mi familia: mi madre, mi padrastro, mis hermanos mayores y yo, Cecilia. Nosotros, todos los hijos, **2** (tener) _____ que **3** (ayudar) _____ en casa para **4** (recibir) _____ la paga. Mi hermano mayor, José, **5** (lavar) _____ el coche y **6** (cortar) _____ el césped una vez a la semana y mis padres le **7** (dar) _____ 10 dólares a la semana. Mi hermano, Sergio, **8** (llenar) _____ el lavaplatos y **9** (quitar) _____ la mesa todos los días y **10** (recibir) _____ la misma cantidad. En este momento, como solo **11** (tener) _____ siete años, no tengo que **12** (hacer) _____ nada, pero cuando **13** (tener) _____ diez años, **14** (poner) _____ la mesa y **15** (pasar) _____ la aspiradora. ¡Ojalá **16** (recibir) _____ la misma paga que mis hermanos!

5
Lee el párrafo de la Activity 4 otra vez y contesta las preguntas.

1   ¿A cambio de qué reciben paga los hijos?
_____

2   ¿Cuántas veces a la semana hace sus tareas José?
_____

3   ¿Qué hace Sergio?
_____

4   ¿Cuánto reciben los hermanos?
_____

5   ¿Cuánta paga recibe Cecilia al mes? ¿Por qué?
_____

6   ¿Qué hará Cecilia?
_____

6
Escribe un párrafo sobre la paga que recibe y el dinero que gasta Simón.

> *Trabajo:* canguro 3× a la semana, 5$ cada vez
> *Paga:* 80 dólares al mes de su madre
> *Gastos:* móvil (10$), ropa de segunda mano (15$), ir a la bolera 1× al mes (8$)
> *Ahorros:* nueva videoconsola
> *Al futuro:* tener nuevo trabajo, más dinero; (ojalá) bastante dinero para comprar móvil nuevo

_____
_____
_____
_____
_____
_____

→ Gramática: A4 *verbos* SB pp. 238–244

7.2 ¿Puedo probármelo?

1 ¿Quién habla? Escribe C para el cliente o D para el dependiente.

1 Me queda un poco grande. ___
2 Los probadores están al fondo, a la izquierda. ___
3 ¿Cómo puedo ayudarle? ___
4 Me lo llevo. ___
5 ¿Lo tiene en rojo? ___
6 Pase a la caja. ___
7 ¿De qué talla? ___
8 Lo siento, no quedan en talla mediana. ___
9 ¿Puedo probármela? ___
10 ¿Acepta tarjetas de crédito? ___

2 Completa el diálogo. Para 1–5, escribe cada frase en el orden correcto.

- ¿Cómo puedo ayudarle?
- **1** prima para de busco una la mi falda boda
  _____

- **2** tenemos calidad bueno, aquí buena faldas de unas ¿talla qué de?
  _____

- 38.
- ¿Qué color prefiere Ud?
- De color naranja o blanco. ¿Puedo probármelas?
- **3** ¡no como! a están derecha probadores la los
  _____

- **4** bien me queda, blanca llevo la me
  _____

- **5** bien muy, pagar caja puede la en
  _____

3 En parejas, imagina que trabajas en una tienda y tienes que atender a un cliente. Utiliza el diálogo de la Actividad 2 como modelo.

4 Elige las formas correctas.

1 **Estos / Estas / Esta** botas son demasiadas estrechas.
2 ¿Cuánto cuestan **eso / estas / aquellos** gorros?
3 Los edificios de **esta / esto / estas** ciudad son los más grandes que he visto.
4 No me gustan muchos **estos / esto / eso** libros, prefiero **aquel / aquella / aquellas** revistas.

5 Completa las frases.

1 (That, over there) _____ móvil es de mi hermano menor.
2 ¿Puedo probarme (those) _____ zapatos negros?
3 Lo siento, (that) _____ probador está ocupado.
4 ¿Vas a alquilar (this) _____ apartamento o vas a quedarte en (that) _____ casa de campo?

→ *Gramática:* A4 & A5 *adjetivos demostrativos* SB p.238

6 Lee el artículo y contesta las preguntas.

Según un estudio, el comercio en línea sigue creciendo en los países de América Latina como México, Perú, Argentina, Chile y Brasil. Hay varias causas para este crecimiento, entre las que destacan: una nueva clase media con más dinero para gastar y la ampliación de la red tecnológica en esos países.

Hasta ahora, la mayoría de los usuarios en estos países accedían a Internet para jugar, enviar mensajes y chatear en las redes sociales. Pero recientemente las compras en línea han ido creciendo y un 40% de los encuestados dice haber realizado una transacción en línea en los últimos seis meses. ¿Qué compran estos nuevos aficionados en Internet? Productos y servicios como música y libros, dispositivos electrónicos como tabletas y móviles, ropa y accesorios. Como nos dice Mariela González Sánchez: 'Hace tres meses compré una tableta y ahora suelo comprar libros y descargar música. Es mucho más rápido y barato. Prefiero comprar la ropa y los zapatos en el centro comercial de mi barrio, aunque acabo de comprar unos vaqueros de segunda mano a muy buen precio en un sitio web'.

1 Da una razón para el crecimiento de las compras en Internet.

2 ¿Qué hacía la mayoría de la gente en Internet?

3 ¿Desde hace cuánto crecen las compras en línea?

4 Escribe tres productos que compran los encuestados en línea.

5 ¿Le gusta a la Sra. González hacer las compras en línea? ¿Por qué?

6 ¿Qué compró la Sra. González últimamente?

7 Túrnate con tu compañero/a. Pregunta y contesta sobre las compras, dónde y cuándo compras ahora y lo que harás en el futuro.

- ¿Dónde prefieres comprar?
- ¿Qué compras en línea?
- ¿Qué cambiará en el futuro?

8 Escribe un párrafo sobre las compras en tu país. Pregunta a tu familia y a tus amigos. Busca algunas estadísticas en Internet. Incluye:

- el porcentaje de compras en línea en tu país
- qué compran tu familia/tus amigos en Internet
- qué prefieres hacer tú

7.3 Organizando el tiempo

1 Cambia el verbo en subjuntivo de las frases al infinitivo, y el infinitivo al subjuntivo.

1 No revisará el móvil hasta que se levante por la mañana.
___

2 Es necesario que te levantes con suficiente tiempo.
___

3 Es imprescindible que organicemos mejor nuestro tiempo.
___

4 Haré los deberes en la biblioteca después de comer.
___

5 Suele estudiar hasta acostarse.
___

6 Es aconsejable hablar con tu profesor si tienes cualquier duda.
___

2 Lee el diálogo y elige las tres frases verdaderas.

> - Bueno, Lola, es esencial que hagamos este test ahora mismo. ¿Estás lista?
> - Claro, Aitana. Empezamos …
> - Vale. Uno: ¿Cuándo tienes pensado mirar el móvil esta semana? ¿Nunca, solo el fin de semana, cada día en cuanto te despiertes?
> - Pues, solo el fin de semana.
> - ¿De verdad? No te creo …
> - ¡Vaya! Entonces, cada día al despertarme …
> - Vale. Dos: ¿Piensas salir con tus amigos siempre que puedas, todos los fines de semana, cuando no tengas demasiados deberes?
> - ¡Hombre, no lo sé! ¿Qué piensas tú, Aitana?
> - Me parece que eres buena estudiante. Vale, finalmente, ¿cómo te relajas: revisando el móvil, haciendo yoga o comprando ropa?
> - ¡Ya sabes que el centro comercial es mi lugar favorito!

1 Ambas chicas están haciendo el test. ☐
2 Lola no tiene pensado mirar su móvil antes de desayunar. ☐
3 Aitana no está de acuerdo con Lola sobre el uso del móvil. ☐
4 Aitana ayuda a Lola a contesta una pregunta. ☐
5 Lola sale con sus amigas demasiado frecuentemente. ☐
6 A Lola le encanta ir de compras. ☐

3 Túrnate con tu compañero/a. Pregunta y contesta el test de la Actividad 2.

→ *Gramática:* A1 *presente de subjuntivo* SB pp. 243–244

4 Lee y elige las formas apropiadas de los verbos.

Querida Tía Aurora

Estoy muy preocupada porque creo que **1 suspendo / suspenda / suspenderé** los exámenes. Malgasto mucho tiempo **2 reviso / revisando / revise** mi móvil hasta que **3 me acueste / acostarme / me acuesto**. Al **4 me despierte / despertarme / me despierto**, tengo que revisarlo. Nunca **5 desayuna / desayunar / desayuno** porque no tengo tiempo y al llegar al instituto tengo tanta hambre que no puedo **6 concentrando / me concentro / concentrarme**.

Todos los días suelo **7 comer / como / coma** una hamburguesa o una pizza. Sé que es importante que **8 hago / haga / hacer** deporte pero no me gustan nada los deportes de equipo.

Por las tardes, no dedico suficiente tiempo a los deberes porque paso dos o tres horas **9 veo / viendo / vea** fotos y vídeos en las redes sociales.

¡Ojalá me **10 poder / puedes / puedas** ayudar!

Ana Sofía

5 Lee la respuesta al mensaje de Ana Sofía y busca las frases en español.

1 now and again _____

2 Don't worry. _____

3 enrol _____

4 instead of _____

5 something like that _____

6 enough _____

Querida Ana Sofía

No te preocupes. Necesitas organizar tu tiempo y es imprescindible que no revises tanto el móvil. Es mejor que no duermas con el móvil en tu dormitorio. Es importante que desayunes, pero no tienes que desayunar mucho: fruta fresca y un vaso de leche sería suficiente. Así no tendrás hambre cuando llegues al instituto.

Para relajarte, puedes inscribirte en una clase de yoga o algo así. Hay muchos deportes y actividades que puedes hacer que no son de equipo.

Al volver a casa por las tardes, puedes divertirte hablando con tus padres o tus hermanos en vez de revisar el móvil. También será más saludable salir con tus amigos de vez en cuando. Si hace buen tiempo, ve a la piscina o a un parque. Es esencial que pases tiempo al aire libre.

¡Qué tengas buena suerte en tus exámenes!

Tía Aurora

6 Lee el correo electrónico y escribe una respuesta. Usa el texto de la Actividad 6 para ayudarte.

Espero que me puedas ayudar. Me preocupan mucho los exámenes y paso muchas horas al día estudiando y haciendo los deberes. Nunca salgo con mis amigos y no tengo tiempo ni para cenar con mi familia. Suelo picar algo en mi dormitorio mientras estudio. No hago deporte aunque me encantan los deportes de equipo. Solo duermo seis horas porque siempre estudio hasta que me acuesto.

Antonio

7.4 ¿Te gustó la película?

1 Descifra las palabras relacionadas con el cine. ¿Qué significan en tu idioma?

1 nóticiartrepen _____
2 autorvise _____
3 tofecse plasicese _____
4 neceas _____
5 gaspanrostito _____
6 ungio _____
7 aband sornao _____

2 Empareja las categorías con las descripciones.

efectos especiales ☐   presupuesto ☐   género ☐
duración ☐   protagonistas ☐   sinopsis ☐

1 Trata de una historia romántica en los años veinte en América del Sur. El alcalde de un pueblo pequeño se enamora de una mujer pobre y la historia no sale bien.

2 Mi actriz favorita, Estrella Montera, hace el papel de la joven pobre. ¡Qué guapa!

3 No hay ni batallas ni explosiones. ¡Qué aburrido!

4 Es la película más cara de Argentina, aunque me han dicho que la próxima peli del director va a costar aún más.

5 ¡180 minutos! ¡No puedo soportarla!

6 Mira, ponen ¡Suéltame! en el cine esta tarde. Me encantan las películas sentimentales.

3 Escribe los detalles de tu película favorita según las categorías de la Actividad 2.

género _____

presupuesto _____

protagonistas _____

sinopsis _____

efectos especiales _____

duración _____

4 Lee las críticas y decide si es positiva (P), negativa (N) o las dos (P+N).

No debes perderte la nueva serie de *Tentaciones* de Canal Metro. Los protagonistas son casi todos los mismos de la serie anterior, aunque Mari López no ha vuelto, lo que es una lástima. Vi todos los episodios en dos días. ¡Estoy cansadísima y me duele la cabeza! Pero vale la pena. ¡Quiero que la veas!
Telemana

Acabo de ver la nueva película de Alberto Trastegui, el joven director vasco. ¡Qué pérdida de tiempo! El guion era tonto, ¡no me creí ni una palabra! Había demasiadas referencias obvias y la tensión casi no existía a causa del diálogo absurdo. Carece totalmente de calidad. La banda sonora me daño los oídos. Les pido que no malgasten su dinero en esta tontería.
BB8

¡Qué episodio tan emocionante de *Los Extraños!* Empecé a llorar y no podía parar hasta que concluyó. Aún quedan dos episodios y te pido que no me digas lo que va a pasar. Los protagonistas son estupendos y el escenario es perfecto. Lo que más me gusta es el vestuario. Quisiera vestirme como Anya, es guapísima. Tenemos que esperar un año hasta que llegue la próxima temporada. ¡Qué rollo!
SiempreReal

¿Habéis visto ya la nueva peli de los hermanos Kurtan? Me gustó tanto su película anterior *Lo que no sabes* y esperaba que esta sería aún mejor. Pues bien, tiene un guion muy bien construido y los efectos especiales son divertidos. Pero es difícil categorizar: no es ni de terror, ni comedia, ni fantasía. Os recomiendo que vayáis a verla para decidir vosotros mismos.
GatosLibres

---

5 Busca todas las frases con el subjuntivo en los mensajes y tradúcelas a tu idioma.

6 Túrnate con tu compañero/a. Pregunta y contesta sobre las críticas de la Actividad 4.

- ¿Qué te gustaría ver más? ¿Por qué?
- ¿Qué tipo de película prefieres? ¿Por qué?
- ¿Cuál es tu película o serie favorita?

7 Escribe una crítica de algo que has visto recientemente. Puede ser una serie, un episodio o una película. Menciona:

- los protagonistas
- lo que más te gustó
- lo malo
- otros detalles

7.5 La tecnología

1 Empareja las dos partes de cada frase.

1 Expliqué a mi madre cómo usar las aplicaciones de mapas ____
2 Nos dejan descargar los libros de la biblioteca ____
3 Tus padres quieren ____
4 Su padrastro le prohíbe ____
5 Te prestaré mi diccionario ____
6 Nuestro profesor nos pide ____
7 ¿Os descargo el menú para ____
8 Me ha sugerido que ____

a a fin de que no tengas que comprar una copia.
b que hagamos los deberes antes del fin de semana.
c haga unas prácticas de trabajo este verano.
d que escojáis la comida antes de ir al restaurante?
e que continúes tus estudios en la universidad.
f que utilice su móvil a la hora de cenar.
g a fin de que no tenga que comprar un dispositivo de navegación.
h para que no gastemos dinero.

2 Lee los textos. Lee las frases y escribe T (Trinidad), L (Lorenzo) o T & L.

Ya sé que la tecnología tiene muchas ventajas, pero a mí no me interesa mucho. Tengo un móvil muy básico. Solo lo utilizo para poder mantenerme en contacto con mis amigos y mi familia. Prefiero ver la tele con mi familia en el salón de manera que podamos charlar y divertirnos más. Uso el ordenador para hacer mis deberes y buscar información en la red. Mis padres no quieren que perdamos el tiempo mirando las pantallas. Los fines de semana suelo salir con mis amigos y vamos a la piscina o al polideportivo para jugar al baloncesto.

Trinidad

Sí, es verdad, soy adicto a la tecnología. Tengo dos móviles, una tableta, una videoconsola y un ordenador en mi dormitorio. Mi aplicación favorita es *Funky Drummer* porque puedo crear música en la batería y subirla a la app para que los miembros la comenten. ¡Qué guay! Soy miembro de un grupo de aficionados del club de baloncesto Sevilla y hemos creado un sitio web. Ya tenemos miles de seguidores y me encanta pasar un rato charlando en línea con ellos. Internet es muy útil para los deberes y suelo hacerlos en el ordenador porque es más rápido y práctico.

Lorenzo

1 La tecnología es mi vida. ____
2 Prefiero hacer los deberes en el ordenador. ____
3 Me gusta hablar con mi familia mientras vemos la tele. ____
4 Soy creativo y me gusta tocar un instrumento. ____
5 Me interesa el baloncesto. ____
6 No tengo un móvil de última generación. ____
7 No paso mucho tiempo en la red. ____
8 Conozco a mucha gente en Internet. ____

3 Túrnate con tu compañero/a. ¿A quién te pareces más: a Trinidad o a Lorenzo? Pregunta y contesta.

→ Gramática: A1 *presente de subjuntivo* SB pp. 243–244

Extended speaking activity

Hablar: Conversación

Vas a tener una conversación sobre el tiempo libre. Responde a las preguntas de tu compañero/a. Después, cambiad de rol. Mirad el vocabulario para ayudaros.

1 ¿Te dan paga tus padres? ¿En qué te lo gastas?

> **Vocabulario**
> Mis padres me dan …
> Siempre compro …
> Me lo gasto en …

2 ¿Qué compraste recientemente?

> **Vocabulario**
> Fui de compras …
> Gasté …
> Compré …

3 ¿Vas a ahorrar dinero en el futuro? ¿Por qué (no)?

> **Vocabulario**
> (No) voy a ahorrar dinero porque …
> Quiero comprar …
> Estoy ahorrando para …

4 ¿Qué tipo de película prefieres?

> **Vocabulario**
> Prefiero las películas …
> Mi película preferida es …
> Me gustan las películas que tratan de …

5 ¿Cómo usas la tecnología?

> **Vocabulario**
> Siempre uso mi …
> El aparato que uso más es …
> Lo/La uso para …
> Pienso que mi móvil/portátil/tableta es …

> **!**
> You can also include information about what you do not do, e.g. technology that you do not use, or films that you do not like. Add *no* before the verb, e.g. *no uso* … or *no veo* … You can use a contrasting phrase such as *sin embargo* (however) to introduce this information.

8 Ponte en marcha

8.1 Caminos a recorrer

1 Elige las opciones correctas.

1. 1948
   a mil novecientos cincuenta y ocho
   b mil ochocientos cuarenta y ocho
   c mil novecientos cuarenta y ocho
2. 1882
   a mil ochocientos veintiocho
   b mil ochocientos ochenta y dos
   c mil ochocientos ochenta y ocho
3. 2018
   a dos mil y dieciocho
   b dos mil ocho
   c dos mil dieciocho
4. 1994
   a mil novecientos noventa
   b mil novecientos noventa y cuatro
   c mil novecientos cuarenta y nueve
5. 2001
   a dos mil uno
   b dos mil y uno
   c dos mil once
6. 1765
   a mil setecientos setenta y cinco
   b mil seiscientos sesenta y cinco
   c mil setecientos sesenta y cinco

2 Escribe las cifras en palabras.

1. Mis abuelos viven en una pequeña aldea de solo 100 habitantes. _____cien_____
2. Mi hermano va a invitar a 200 personas a su boda este verano. _____
3. Es un vuelo de más de 6000 kilómetros. _____
4. Tengo que escribir dos párrafos de 340 palabras. _____
5. Mi novia ha comprado un ordenador nuevo. Le costó 1475 dólares. _____
6. El apartamento cuesta 650 dólares a la semana. _____
7. Hay 1000 estudiantes en mi instituto. _____
8. La montaña tiene 1823 metros de altura. _____

3 En grupo. Túrnate con tus compañeros/as. Busca información sobre 'los números' de su país: río, montaña, etc. Pregunta y contesta.

- ¿Cuánto mide el río más largo?
- … kilómetros.
- ¿Cuál es la población de la capital del país?
- … habitantes.

4 Escribe unas frases sobre los resultados de la Actividad 3.

En mi país, la montaña más alta mide unos … metros y se llama …

→ *Gramática:* A1 & A2 *números* SB pp. 246–247

5 Lee y elige las cuatro frases correctas.

Lo más interesante de América Latina

Hay más de 657 millones de habitantes en América del Sur, pero ¿sabes cuál es el país más grande de la región? ¿Tal vez México que tiene alrededor de 130 millones de habitantes? ¿O puede ser Argentina con unos 2.780.400 kilómetros cuadrados de superficie? Pues no. Es Brasil, con un área de 8.516.000 km² y una población de 211.000.000 habitantes. Esto quiere decir que Brasil contiene casi la mitad del total de la superficie de América del Sur y casi el 50% de los habitantes de la región.

Y, el país más pequeño, ¿dónde está? Es Surinam, al noreste de Brasil, con una población de 628.000 que es igual que la de una ciudad brasileña que ocupa el número 36 de la lista de ciudades por población de ese país.

Y ¿cuáles son las estadísticas más interesantes de la naturaleza? El río Amazonas es el río más largo del continente y pasa por siete países incluyendo Perú, Colombia y Brasil. Tiene unos 6.990 kilómetros de largo y contiene casi una quinta parte de todo el agua dulce del planeta. La montaña sudamericana más alta mide unos 6.960 metros. Se encuentra en Argentina y se llama Aconcagua.

¿Quieres saber más? Ver la página ...

1. Argentina es el país más grande de América del Sur.
2. Casi el cincuenta por ciento de la región consiste en un solo país.
3. Casi un tercio de los habitantes de América del Sur son brasileños.
4. Surinam es una ciudad brasileña.
5. El río sudamericano más largo se llama Amazonas.
6. El río Amazonas atraviesa tres países.
7. El río Amazonas contiene todo el agua dulce de América del Sur.
8. No hay una montaña en América del Sur más alta que Aconcagua.

6 Túrnate con tu compañero/a. Lee el texto de la Actividad 5 otra vez. Pregunta y contesta.

- ¿Cuál es el país más pequeño de América Latina?
- ¿Qué país tiene más habitantes, Argentina o México?
- ¿Dónde está el Aconcagua?

7 Escribe un párrafo sobre la información de este cuadro. Usa el texto de la Actividad 5 para ayudarte. Incluye palabras como la mitad, un tercio y porcentajes.

Idiomas indígenas de América Latina (número aproximado de hablantes)	
Quechua: 8 900 000	Perú, Bolivia, Ecuador, Argentina, Chile, Colombia
Guaraní: 4 900 000	Paraguay, Bolivia, Argentina
Aymara: 2 800 000	Bolivia, Perú
Náhuatl: 1 740 000	México
Quiché: 2 330 000	Guatemala

8.2 Prefiero estas

1 Descifra las cosas para una excursión.

1. ceclatesin _____
2. tenguas _____
3. napolentas trosco _____
4. joler prodevoti _____
5. adusdera onc chupaca _____
6. anterlin tornalf _____
7. querasbucho _____
8. taqueach ed mulsap _____

2 Estás trabajando en una tienda de ropa deportiva. ¿Qué recomiendas a estos clientes? Escribe unas frases, usando *Le recomiendo este …* (etc.) y *Debes llevar … porque …*

1. Este verano voy a pasar una semana en las montañas haciendo senderismo. ¿Qué me recomiendas?
2. Voy a hacer kayak este fin de semana. ¿Qué debo llevar?
3. Vamos a un festival de música en el campo. ¿Qué necesitamos? Ya tenemos una tienda.

1 _____
2 _____
3 _____

3 Túrnate con tu compañero/a. Haz diálogos usando los datos de la Actividad 2.

- ¿Cómo puedo ayudarte?
- Voy a las montañas este verano. ¿Qué me recomiendas?
- Pues, ¿qué vas a hacer?
  …

4 Completa las frases.

1. No me gusta mucho esta mochila, prefiero (that one over there) _____.
2. Voy a comprar (these ones) _____ porque aquellos pantalones son demasiados caros.
3. Su nieto compró este reloj deportivo. (That one) _____ no funciona bien.
4. ¿Has visto las chaquetas? ¿Cuáles prefieres: (those) _____ o (those over there) _____?
5. Necesito comprar un chubasquero. Tenemos (this one) _____ y (that one) _____.
6. Te queda bien ese gorro. No, prefiero (that one over there) _____.

→ *Gramática: A4 pronombres demostrativos SB p. 236*

8.3 No olvides el chubasquero

1 Escribe el infinitivo de estos verbos irregulares imperativos.

1. Ten _____
2. Pon _____
3. Haz _____
4. No salgas _____
5. Di _____
6. No vayas _____
7. No pidas _____
8. Sé _____
9. Ven _____
10. Sal _____

2 Cambia las frases afirmativas a negativas y las negativas a afirmativas.

1. Pregunta a tu profesora si tienes cualquier duda.
   _____
2. Mira el mapa antes de salir.
   _____
3. Escribe un mensaje a tu familia.
   _____
4. No cambies la bolsa de basura cada día.
   _____
5. No te lleves algo de comer.
   _____
6. No leas las instrucciones.
   _____

3 Lee el texto. Busca las frases en español.

Las Normas del Parque

Queremos que disfrutes de la tranquilidad y la belleza de nuestro parque. Aquí te ofrecemos las normas para asegurarte de tener una visita inolvidable.

No dejes basura en ningún lugar excepto en los sitios indicados para el depósito de la misma. Es mejor que te lleves todos tus desechos contigo al salir del parque.

No montes tu tienda fuera de las zonas marcadas para acampar.

Deja tu automóvil o bicicleta en el aparcamiento de la entrada. No se permiten vehículos dentro del parque.

No nades ni en los ríos ni en los lagos sin guía oficial.

No se permiten barbacoas. No hagas fuego en ningún lugar. Es muy peligroso.

Ven al centro de información para informarte de las rutas abiertas y las excursiones durante tu visita.

1. We want you to enjoy _____
2. to ensure you have _____
3. Don't leave _____
4. anywhere _____
5. all your waste _____
6. Don't put up _____
7. for camping _____
8. not allowed _____

→ Gramática: A1 & A2 *imperativo* SB pp. 242–243

8 Ponte en marcha

4 Lee el diálogo y corrige los cuatro detalles falsos. Explica por qué son falsos usando el texto de la Actividad 3.

- Tomás, ¿qué te parece hacer senderismo este fin de semana?
- ¿Dónde iremos?
- Al Parque Nacional de Ordesa y Monte Perdido. ¿Lo conoces?
- Sí, fui con mi familia el verano pasado. Es muy tranquilo y verde.
- Vamos en bicicleta y tal vez haya rutas para hacer ciclismo.
- ¿Vamos a acampar?
- Sí, por supuesto. Llevamos la tienda y buscaremos algún lugar para montarla. Se puede acampar por todo el parque.
- Hará mucho calor este fin de semana. ¿Vamos a nadar?
- Sí, hay muchos ríos y lagos donde podemos nadar.
- Y ¿qué vamos a comer? ¿Llevamos la comida?
- Sí y una barbacoa para preparar las gambas. ¡Qué rico!
- ¿Hay un sitio web? Voy a buscarlo en mi móvil.

_____
_____
_____
_____

5 En grupo. Busca información sobre uno de estos sitios. Diseña un folleto para los visitantes. Menciona:

- las normas
- lo que se necesita llevar
- algunos consejos para los visitantes

Sitios
Sierra Nevada
Doñana
El Teide
La Caldera de Taburiente

_____
_____
_____
_____
_____
_____
_____
_____

6 En pequeños grupos, preparad una charla para visitantes a un parque natural. Utiliza la información en las Actividades 4 y 5.

- ¿Qué normas y restricciones hay?
- ¿Con qué deben tener cuidado?

8.4 Espere un momento

1 Cambia los imperativos informales a formales.

1. Sal por la puerta a la derecha. _____
2. Baja en la próxima parada. _____
3. Sigue todo recto hasta la Plaza Mayor. _____
4. Deja tu equipaje dentro en la oficina. _____
5. Sentaos aquí un momento. _____
6. No os preocupéis, volveré en seguida. _____
7. Apaga la luz antes de salir del piso. _____
8. Ven a verme después de la cita. _____

2 Lee y completa las normas de este piso de alquiler.

> deje   saque   desenchufe   malgaste   salga   cierre   separe   ponga
> llame   haga   permite   apague

Les agradecemos que hayan escogido nuestro piso en el centro de la ciudad. Les deseamos una visita agradable y estas normas les ayudarán a mantener nuestro piso tan bonito como es.

1. _____ la luz y el aire acondicionado al salir del apartamento. Le rogamos que no _____ la electricidad.
2. No se _____ fumar en ninguna parte del piso.
3. _____ los envases para reciclarlos. _____ las botellas de plástico en el contenedor verde y las botellas de vidrio en el rojo.
4. _____ los dispositivos electrónicos por la noche.
5. No _____ ruido innecesario después de las nueve de la noche para no molestar a nuestros vecinos.
6. Por seguridad, _____ las ventanas antes de salir.
7. _____ la basura el lunes y déjala en la entrada de la planta baja.
8. Si necesita más información, _____ al 00 22 121 121.
9. _____ limpio el apartamento cuando _____ al final de su estancia.
10. Antes de irse, ponga las llaves en la caja de llaves en la entrada.

3 Lee las normas de la Actividad 2 otra vez. Marca las frases que son falsas y corrígelas.

1. El piso se ubica en un lugar central de la ciudad.
   _____
2. Se puede dejar el aire acondicionado puesto todo el tiempo.
   _____
3. Fumar está prohibido en el apartamento.
   _____
4. Se debe separar las botellas de plástico y ponerlas en un contenedor rojo.
   _____
5. A los vecinos no les molesta el ruido.
   _____
6. Se puede llamar por teléfono si se necesita ayuda.
   _____

→ *Gramática:* A1 *imperativo* SB pp. 242–243

8 Ponte en marcha

4 Escribe seis normas para un piso o casa que vas a poner en alquiler por primera vez este verano. No tienen que ser serias. Compara tu lista con tu compañero/a.

_____
_____
_____
_____
_____
_____

5 Lee las normas de seguridad de un avión. Busca los verbos en el subjuntivo y explica para cada caso por qué se ha usado el subjuntivo.

> Remember the subjunctive is used:
> - as the imperative form with usted/ustedes
> - after conjunctions of time
> - after verbs of wishing, command, request and emotion

Buenas tardes, señores pasajeros:

En nombre de Iberia, el comandante y su tripulación les damos la bienvenida a bordo de este vuelo 457 con destino a Madrid.

Por motivos de seguridad y para evitar interferencias con los sistemas del avión, apaguen los aparatos electrónicos durante el despegue y el aterrizaje.

Mantengan desconectados los teléfonos móviles siempre que las puertas del avión estén cerradas.

Por favor, comprueben que su equipaje de mano esté bien colocado, su mesa plegada, el respaldo de su asiento en posición vertical y su cinturón abrochado.

Les recordamos que está estrictamente prohibido fumar a bordo.

Por favor, presten atención a la demostración de las medidas de seguridad.

En caso de emergencia, tiren de una de las máscaras de oxígeno, aplíquensela sobre la nariz y boca, y respiren normalmente.

Como medida de seguridad, les recomendamos que mantengan el cinturón abrochado durante todo el vuelo.

Lean detenidamente las instrucciones de seguridad que encontrarán en el bolsillo delantero de sus asientos. En caso de duda, por favor consulten a la tripulación.

Muchas gracias por su atención.

1 _____ 7 _____
2 _____ 8 _____
3 _____ 9 _____
4 _____ 10 _____
5 _____ 11 _____
6 _____ 12 _____

8.5 Colaborar y aprender

1 Subraya los verbos en el futuro y cámbialos al condicional.

> Iré a un campamento artístico este verano donde tendré la oportunidad de hacer voluntariado. Ayudaré con las clases de pintura y de fotografía y por eso desarrollaré mis conocimientos de las artes creativas. ¡Qué guay! Mis hermanos trabajarán en una campaña de conservación. Aprenderán a trabajar en equipo y recogerán la basura en los bosques y en la playa. Además, participarán en un concurso para crear una campaña educativa. ¡Será divertido! Mi hermana menor se inscribirá en un campamento deportivo para mejorar su tenis. Y mis padres se quedarán en casa para relajarse. No estaremos juntos durante dos meses. ¿Que harás tú este verano?

1 _____
2 _____
3 _____
4 _____
5 _____
6 _____
7 _____
8 _____
9 _____
10 _____
11 _____
12 _____

2 Lee los textos y elige la actividad apropiada para cada persona.

> En el futuro me gustaría trabajar para una organización no gubernamental, así que me interesaría contribuir a un proyecto social o trabajar con los sin techo. El verano pasado pasé dos semanas recogiendo basura en un parque nacional cerca de mi pueblo.

_____ Agustín

> Soy muy creativa y me encantaría saber sacar buenas fotos del paisaje. Ya sé que es muy difícil, pero me gustaría ser fotógrafa. Acabo de comprar una cámara nueva y espero aprender a mejorar mis conocimientos técnicos.

_____ Elisa

1
> Buscamos gente creativa para participar en un campamento de artes escénicas el mes que viene. ¿Quieres tener más confianza en tus conocimientos de tu arte preferido? Para saber más, …

2
> El Festival de Reyes busca voluntarios para trabajar en septiembre en este nuevo festival de música a orillas del mar. Recogerás basura, mantendrás limpias las playas y tal vez ayudarás a los grupos musicales. Contáctanos en …

3
> Bosques SOS busca jóvenes para participar en nuestro congreso general en agosto. ¿Te interesa el medio ambiente? ¿Quieres saber más sobre nuestro trabajo y aprender a hacer debates con gente parecida? Escribe a …

3 Escribe un párrafo para alguien que se interesa por el anuncio que sobra de la Actividad 2.

_____
_____
_____
_____

Extended speaking activity

8 Ponte en marcha

Hablar: Juego de rol

Vas a hacer un juego de rol. Es una conversación con un(a) amigo/a sobre las excursiones. Haz y contesta las preguntas.

El amigo/La amiga: ¿Es importante ir de excursión? [PAUSA] ¿Por qué (no)?
Tú …

Vocabulario
Pienso que (no) es muy importante, porque …

El amigo/La amiga: ¿Qué se necesita para hacer camping?
Tú …

Vocabulario
Se necesita … /Siempre llevo … porque …

El amigo/La amiga: ¿Cuáles son las ventajas de hacer voluntariado?
Tú …

Vocabulario
Hay muchas ventajas, por ejemplo, se puede … /se siente …

El amigo/La amiga: Describe la última vez que hiciste senderismo.
Tú …

Vocabulario
La semana pasada fui a … /hice senderismo en …

El amigo/La amiga: Describe una excursión que te gustaría hacer en el futuro.
Tú …

Vocabulario
En el futuro, me gustaría hacer una excursión a/en/por …

You may be asked about things that you don't have much interest in or experience of, such as volunteering or hiking. Make sure you know some key vocabulary for each topic so that you can talk about these things in sufficient detail.

9 Nuestro mundo

9.1 La comunidad en que vivimos

1 Completa las frases.

1 El pr_____ más grave es el de_____ entre los jó_____.
2 Lo que más me pr_____ es la fa_____ de tr_____ pú_____.
3 Me fa_____ que haya gente que tiene que do_____ por las ca_____.
4 Me mo_____ los de_____ por todas partes.
5 El problema más se_____ a mi parecer es el aislamiento ru_____.
6 La fa_____ de vi_____ es muy preocupante.
7 Me fastidian las pi_____ en las pa_____ de mi barrio.
8 Me preocupan mucho los an_____ abandonados en la ciudad.

2 Túrnate con tu compañero/a. Pon los problemas de la Actividad 2 en el orden de importancia para ti. Pregunta y contesta.

● El problema más importante es la falta de viviendas. Es el problema número uno. ¿Qué piensas?

– No estoy de acuerdo. Me preocupa más el paro entre los jóvenes.

3 ¿Quién … ? Lee los textos y escribe los nombres.

Se acaba de construir un nuevo centro para jóvenes en mi barrio y se necesita gente para pintar murales en las paredes. El fin de semana pasado fui con mis amigos a pasar unas horas pintando en el centro. ¡Lo pasamos bomba! Podíamos pintar lo que quisiéramos, por eso Jaime y yo diseñamos una ventana abierta con vistas al mar. Vamos a volver la semana que viene ya que esperamos crear otro diseño impresionante.
Carlos

El verano que viene voy a trabajar en un jardín comunitario. Ayudaré a plantar flores y legumbres pero, primero, tengo que recoger la basura y los desechos que hay por todas partes. Esperamos crear un espacio limpio y acogedor para los habitantes del barrio, porque no existen espacios verdes en este momento. Disfrutaré de estar al aire libre a la vez que tengo la oportunidad de ayudar a mi comunidad.
Esperanza

Dos veces por semana voy con mi madre a un refugio para los sin techo. Se abrió hace dos años a causa del aumento de gente que dormía en la calle. En invierno preparo bebidas calientes porque hace mucho frío afuera, y en verano sirvo refrescos. De vez en cuando recogemos ropa de segunda mano para distribuir entre la gente que la necesita. Creo que es imprescindible ayudar a la gente desfavorecida.
Amyra

¿Quién …

1 va a trabajar en el verano? _____
2 ayuda a las personas que tienen poco? _____
3 ha trabajado con un amigo? _____
4 va a regenerar un lugar sucio? _____
5 ayuda regularmente? _____
6 quiere volver a ayudar otra vez? _____

9 Nuestro mundo

4 Lee los textos de la Actividad 3 otra vez. Elige las cuatro frases falsas y corrígelas.

1. Se está construyendo un centro para jóvenes.
2. A Carlos le gustó mucho pintar las paredes.
3. Se abrieron las ventanas en el centro para ver el mar.
4. Esperanza va a plantar flores antes de limpiar el jardín.
5. No hay parques en su barrio.
6. Para Esperanza, hay dos ventajas de trabajar en el jardín.
7. Amyra no va sola al refugio.
8. Ha aumentado el número de personas que están en paro.
9. Se ofrece la ropa de segunda mano a los sin techo.

_____
_____
_____
_____

5 Ves este anuncio en Internet. Elige una oportunidad que te interese y escribe un correo electrónico. Menciona:

- por qué te interesa
- cualquier experiencia que ya tengas

Ofertas de voluntariado

¡Decenas de oportunidades de voluntariado te esperan!

Participa en días de limpieza.

Trabaja en un refugio de animales.

Visita a ancianos en una residencia.

Da apoyo escolar a niños.

9.2 Ayuda a distancia

1 ¿Perfecto o pluscuamperfecto? Elige las opciones correctas.

1. Cuando se abrió el refugio ya **han llegado / habían llegado** los voluntarios.
2. Al llegar a la casa, vieron que la lluvia no **había causado / ha causado** daño.
3. Es hora de comer. ¿**Has preparado / Habías preparado** el arroz?
4. Cuando llegasteis ya **ha salido / había salido**.
5. Vamos a volver a casa porque nos **habíamos olvidado / hemos olvidado** el paraguas.
6. ¿Tienes alguna pregunta? No, me lo **ha explicado / había explicado** todo.

2 Empareja las palabras con las definiciones.

1. la deforestación
2. un terremoto
3. un huracán
4. unas inundaciones
5. la sequía
6. un incendio
7. una erupción volcánica
8. un maremoto

a. una cantidad excesiva de agua
b. una sacudida violenta de la tierra
c. un tiempo largo sin llover
d. la emisión de materia por aberturas de la tierra
e. un viento de fuerza extraordinaria
f. un golpe de agua causado por el movimiento del mar
g. la destrucción de árboles
h. un fuego grande

3 Escribe cinco frases usando las palabras de la Actividad 2 con el pluscuamperfecto.

La sequía había provocado incendios después de seis meses sin llover.

_____
_____
_____
_____

4 Lee el artículo y contesta las preguntas de la página 81.

El martes 19 de septiembre de 2017, sobre la una de la tarde, el segundo terremoto en dos semanas sacudió México. 'Fue el terremoto que más he sentido,' nos dijo Arturo Cifuentes, 30 años y superviviente de un edificio derrumbado. Murieron al menos 220 personas, entre ellas 94 en la capital. Sucedió el mismo día en el que, hace 40 años, ocurrió la peor tragedia del país: el terremoto que causó cerca de 10.000 muertos en 1985.

Hace solo dos semanas México había vivido el terremoto más grande en 85 años con una magnitud de 8,2. Esta vez, el terremoto fue de una magnitud menor, pero provocó daños más significativos a causa de a su proximidad a la ciudad.

Los equipos de rescate, que habían trabajado sin descansar durante largas horas, siguieron buscando supervivientes durante toda la noche a pesar de la falta de luz y electricidad.

9 Nuestro mundo

1 ¿A qué hora ocurrió el segundo terremoto? _____
2 ¿Quién es Arturo Cifuentes? _____
3 ¿Cuántas personas murieron esta vez? _____
4 ¿Qué ocurrió en 1985? _____
5 ¿Qué tiene en común el terremoto de 1985 con el del pasado martes?
_____
6 ¿Qué es lo significante del terremoto de hace dos semanas?
_____
7 ¿Cuál de los terremotos recientes causó más daños? ¿Por qué?
_____
8 ¿Qué causó dificultades para los equipos de rescate?
_____

5 **Lee y completa las frases en inglés.**

Cuando me enteré del terremoto, decidí hacer algo para ayudar a los supervivientes. Organizamos un evento solidario en el instituto para recaudar fondos. Toda la clase participó y recaudamos 100 dólares para enviar a las organizaciones no gubernamentales que están trabajando ahora mismo en las zonas más afectadas. **María Jesús**

Como no tenemos mucho dinero, mi familia no podía donar fondos para ayudar a los supervivientes. En vez de donar, organizamos una recogida de mantas, ropa, sacos de dormir y otras cosas que van a necesitar las personas que han perdido todo. **Alejandra**

Mi padre es bombero y ya ha ido a México a ayudar a los servicios de emergencia. Tiene mucha experiencia en desastres naturales. Hace dos años fue a Guatemala después de las inundaciones, donde pasó un mes buscando a la gente enterrada en el lodo. **Carlos**

1 María Jesús took part in a _____
2 She did it at _____
3 They raised money for _____
4 Alejandra's family is not _____
5 Her family organized _____
6 Carlos's dad is _____
7 He is now in _____
8 Two years ago his dad helped after _____
9 He spent a month _____

6 **Túrnate con tu compañero/a. Habla del artículo de la Actividad 4 y lo que hicieron los jóvenes de la Actividad 5. ¿Qué piensas? ¿Hay otras cosas que se pueden hacer?**

7 **Escribe un párrafo sobre lo que vas a hacer tú para ayudar a los supervivientes del terremoto.**

9.3 ¡Cuida el medio ambiente!

1 Lee el artículo y busca las frases equivalentes en español.

Los paneles solares ayudan a una comunidad

Maximino Resto Ortiz y su esposa Francisca Ruiz Vega pasaron la noche antes del huracán Irma a oscuras en el barrio Matón Arriba de Cayey, Puerto Rico. Al igual que las otras 66 familias en Brisas del Torito, se quedaron sin luz, electricidad y lo que es más importante, sin acceso al agua con los vientos que precedieron al primer ciclón de septiembre de 2017.

Lo peor era que los 167 vecinos de Brisas, ancianos en su gran mayoría, tuvieron que sobrevivir sin acceso a su acueducto comunitario durante más de cinco meses y medio.

Después de vivir tres meses en condiciones inhumanas, los habitantes de Brisas decidieron intentar generar electricidad por sus propios medios. En junio comenzaron a ver el fruto de su trabajo cuando inauguraron su propia finca solar que les devolverá acceso al agua, sin verse afectados por la pérdida del servicio de la compañía de luz que les sirve.

Water Mission, una organización voluntaria de acción frente a los desastres con sede en los Estados Unidos, llegó a Brisas del Torito después de haber completado unos 11 proyectos por toda la isla desde octubre pasado. Ayuda a la comunidad a organizarse para construir las estructuras necesarias para anclar 100 paneles solares al suelo y proteger el cuadro eléctrico en caso de huracanes.

'Son 100 paneles solares. Con este interruptor pueden cambiar entre operar con los paneles solares o con la compañía de luz,' explicó el ingeniero electricista a los que visitaban la finca solar por primera vez.

Las instalaciones fueron puestas a prueba en 2022, cuando azotó el país el huracán Fiona, una de las tormentas más significativas desde el huracán María. Durante Fiona, los nuevos sistemas pudieron seguir almacenando y produciendo energía después de la interrupción de la red eléctrica.

1 in the dark _____
2 like _____
3 neighbours _____
4 to try _____
5 own _____
6 solar farm _____
7 headquarters _____
8 to anchor _____
9 switch _____
10 storing _____

2 Lee y elige las opciones correctas.

1 Maximino y su mujer viven en …
   a la oscuridad   b Brisas del Torito   c condiciones inhumanas

2 La noche antes del huracán …
   a no había luz   b no hubo tormenta   c no sobrevivó nadie

3 La comunidad vivió más de … sin agua.
   a tres meses   b cinco meses   c 11 meses

4 Les ayudó …
   a el gobierno   b la compañía de luz   c una organización estadounidense

5 Water Mission ha estado activa en la isla desde …
   a el otoño   b enero   c hace dos meses

6 Durante el huracán Fiona, los paneles solares …
   a fueron apagados manualmente   b fueron gravemente dañados
   c continuaron generando energía

9 Nuestro mundo

3 Túrnate con tu compañero/a. Pregunta y contesta. ¿Qué opinas del artículo de la Actividad 1?
- Es escandaloso que la isla no tenga luz desde hace meses.
- Sí, estoy de acuerdo.
- Se debería …

4 Cambia las frases al negativo.

1 Báñate cada día.
___

2 Deja encendida la luz por las noches.
___

3 Enciende la calefacción cuando tengas frío.
___

4 Pon las botellas en la basura.
___

5 Conduzca por todas partes.
___

6 Utilice las botellas de plástico.
___

7 Comprad más.
___

8 Tira tu ropa vieja a la basura.
___

5 Túrnate con tu compañero/a. Lee los consejos y dilos de otra manera incluyendo la forma negativa. Inventa otros consejos.

| Reduce tu uso de plástico. |
| Recicla el papel, el vidrio y la ropa cuando sea posible. |
| Recoge tus pilas. |
| Utiliza el transporte público en vez del coche. |
| Apaga el ordenador cuando no lo uses. |
| Come menos carne. |
| Usa una botella reutilizable para el agua. |
| Lleva tu propia taza a la cafetería. |

- No se debe usar demasiado plástico./Se debe reducir el uso de plástico./No uses tanto plástico.

6 ¿Cuál es el problema medioambiental que te preocupa más? Escribe 80–100 palabras.
___
___
___
___
___
___

→ *Gramática: A4 presente de subjuntivo SB pp. 243–244*

9.4 Problemas globales

1 Lee el artículo. Lee las frases y escribe V (Verdadero), F (Falso) o NM (No Mencionado).

Médicos sin Fronteras es una organización no gubernamental que trabaja en unos 70 países de todas partes del planeta. Se creó en París en 1971 para ayudar a la gente que sufría guerras, epidemias o desastres naturales y no tenía acceso a ningún tipo de asistencia médica. Después de la guerra en Nigeria y el sufrimiento provocado por el hambre, un grupo de médicos, enfermeros y otros profesionales de la medicina se reunieron para crear una organización que ayudara a los que más necesitaban asistencia médica de emergencia.

En 1999, MSF ganó el Premio Nobel de la Paz por su trabajo. Desde entonces MSF ha trabajado en muchos países donde los más pobres están afectados por las enfermedades más graves. Esta organización independiente ofrece ayuda médica a cualquier población sin distinción de raza, religión o política.

1 Médicos sin Fronteras trabaja para gobiernos de todas partes del mundo. _____
2 Se fundó en 1971. _____
3 Es una organización que ofrece asistencia médica. _____
4 Al principio, distribuyó medicinas en África. _____
5 Emplea a mucha gente en una gran variedad de profesiones. _____
6 MSF ganó un premio internacional por su trabajo. _____
7 MSF ha recibido dinero de otras organizaciones. _____
8 No le importa las creencias de la gente a quien da asistencia. _____

2 En grupo, busca información sobre una de estas organizaciones o cualquier otra que te interese.

| Aldeas Infantiles SOS | Amnistía Internacional |
| Manos Unidas | CEAR (Comisión Española de Ayuda al Refugiado) | Prosalus |

- ¿Cuándo se creó?
- ¿Dónde trabaja y con quién?
- ¿Qué hace?
- ¿De dónde recibe dinero?

3 Escribe un párrafo sobre la organización que elegiste en la Actividad 2.

_____
_____
_____
_____
_____
_____

9.5 Somos ciudadanos globales

1 Elige los adjetivos correctos.

1. Invité a **algunos / algunas / algún** compañeros a acompañarme a una actividad comunitaria.
2. No le interesa **ningún / ningunos / ninguna** problema global.
3. Acabamos de participar en **algunos / algún / algunas** campañas.
4. Ayudaría a **cualquier / cualquiera / cualquieras** persona que lo necesitara.
5. No hay **algunos / ningún / cualquieras** conflicto en mi país.
6. La organización ofrece asistencia a **algunos / ningún / cualquier** persona que la necesite.
7. ¿Has recogido dinero para **ninguna / cualquieras / alguna** organización no gubernamental?
8. No me preocupa **ningún / cualquier / algunas** desastre medioambiental.

2 Lee el texto y completa las frases.

> El Parlamento Juvenil de las Comunidades Autónomas es un grupo que promueve la participación de los jóvenes en el proceso legislativo. Damos la oportunidad de compartir ideas y discutir los objetivos más significativos para los jóvenes de hoy en día. Cada verano e invierno convocamos el Parlamento en la capital de una de las comunidades autónomas para celebrar tres días de debates y discusiones, al final de los cuales presentamos algunas propuestas para mejorar la participación de la juventud en la toma de decisiones que les afectan.
>
> Buscamos a jóvenes entre 13 y 18 años. Si te interesa ampliar tus conocimientos de tu región y otros temas, desarrollar tus habilidades de expresión, participar activamente en la vida pública y contribuir ideas para mejorar la vida de los jóvenes de todas partes del país, contáctanos.

| dieciocho participa desiste compartir empeorar fomenta enriquecer trece afuera |
| examina alrededor tres rechazar dos |

1. El Parlamento _____ la participación de los jóvenes.
2. Los jóvenes pueden _____ ideas.
3. El Parlamento _____ las ideas significativas para los jóvenes.
4. Se convoca en ciudades _____ del país.
5. El Parlamento tiene lugar _____ veces al año.
6. El Parlamento presenta propuestas después de _____ días de debates.
7. Pueden participar los jóvenes de hasta _____ años.
8. Busca a jóvenes que quieren _____ la vida de los otros.

3 Túrnate con tu compañero/a. ¿Te interesa participar en un Parlamento Juvenil? ¿Cuáles son los asuntos más importantes para ti? Pregunta y contesta.

→ *Gramática: A1 adjetivos indefinidos* SB p. 238

Extended speaking activity

Hablar: Conversación

Vas a mantener una conversación sobre nuestro mundo. Responde a las preguntas de tu compañero/a. Después, cambiad de rol. Mirad el vocabulario para ayudaros.

1 ¿Qué problema global te preocupa más? ¿Por qué?

Vocabulario
Lo que más me preocupa es …
El problema más grave es … porque …
Me molesta/preocupa (mucho) (que) …

2 Ser ciudadano/a del mundo, ¿qué significa para ti?

Vocabulario
(No) me considero ciudadano/a del mundo porque …
Para ser un/a ciudadano/a del mundo, hay que/tienes que …
Es importante apreciar …

3 ¿Cómo se puede ayudar a los afectados por los desastres naturales?

Vocabulario
Se puede organizar …
Es importante recaudar fondos porque …
Las personas afectadas necesitan …
Las organizaciones benéficas pueden …

4 ¿Qué hiciste recientemente para cuidar el medioambiente?

Vocabulario
(No) utilicé/compré/usé …
Reciclé/Ahorré …

5 ¿Qué vas a hacer en el futuro para ayudar en tu comunidad?

Vocabulario
Ayudaré a las personas que …
Tengo la intención de hacer voluntariado como …
Me gustaría limpiar/organizar/trabajar …
Voy a recaudar dinero para …

> **!**
> Expand your range of language by using nouns and verbs which are linked together, e.g. *la contaminación, contaminar* (pollution, to pollute); *la lucha, luchar* (fight, to fight); *la solución, solucionar(se)* (solution, to solve).

10 Seguimos adelante

10.1 En la era digital

1 ¿Ventaja o desventaja? Escribe V o D para cada frase.

1 Se puede contactar con la familia desde todas partes del mundo. _____
2 Se pueden perder horas viendo vídeos tontos. _____
3 Han cerrado muchas tiendas en mi pueblo por causa de Internet. _____
4 Me gusta descargar música en español para mejorar mi nivel. _____
5 Mi móvil está roto y ni siquiera tengo un mapa. _____
6 Me quedo en mi habitación. Nunca vemos juntos la televisión. _____
7 Vivo en una aldea pequeña pero tengo muchas amigas en línea quienes hacen las mismas actividades que yo. _____
8 He comprado mucha ropa de segunda mano a precios más baratos que en las tiendas. _____

2 Lee el artículo y busca las frases en español.

Hoy en día es mucho más fácil descubrir la música del pasado o de otros países y lenguas. ¿Por qué? Gracias a las aplicaciones que ofrecen la música en continuo. Es más fácil que nunca buscar lo que quieres en línea. Una de las apps más conocidas es Spotify donde puedes escuchar música gratis, aunque tienes que aceptar los anuncios también. Si prefieres descargar la música es necesario abonarse al servicio y de esta manera no tienes que aguantar la publicidad.

Al mismo tiempo se ha notado un aumento en la venta de discos. Hace solo unos años las empresas que fabricaban los tocadiscos estaban cerrando. Ahora, el vinilo se ha vuelto a poner de moda y los jóvenes vuelven a comprar discos. Lo irónico es que esto se debe en parte a aplicaciones como Instagram, donde los íconos de la tecnología analógica de los años setenta, como Polaroid, ahora se consideran superguays.

1 nowadays _____
2 languages _____
3 streaming _____
4 easier than ever _____
5 online _____
6 best known _____
7 free _____
8 adverts _____
9 to subscribe _____
10 to put up with _____
11 record players _____
12 has become fashionable again _____

3 Túrnate con tu compañero/a. Pregunta y contesta sobre el texto de la Actividad 2.

- ¿Qué piensas del aumento reciente en la venta de discos?
- ¿Tienes un tocadiscos? ¿Te gustaría comprar uno?
- ¿Cuál es tu app favorita para escuchar música?

4 Lee el blog. Lee las frases y escribe V (Verdadero), F (Falso) or NM (No Mencionado).

¡Hola! Soy Maite y vivo con mi familia en Ottawa en Canadá. Somos argentinos y mis abuelos aún viven en Buenos Aires. Somos cinco en la familia: mis padres, mi hermano mayor, mi hermana menor y yo. Todos utilizamos la tecnología para ayudarnos cada día. Aunque mis abuelos son bastante mayores, tienen varios dispositivos: móviles, tabletas y un ordenador. Me encanta hablar con ellos por mensajería instantánea. Lo bueno de la tecnología es que podemos mantenernos en contacto, nos vemos la cara y compartimos vídeos y fotos.

Mis hermanos siempre utilizan la tecnología para hacer los deberes pero a mi parecer es importante aprender algo sin que tengas que buscarlo en internet todo el tiempo. Lo que me preocupa es que hay algunos sitios web donde puedes comprar trabajos o ayuda con los estudios escolares. Pero, si no haces los deberes tú mismo, suspenderás los exámenes.

1 Los abuelos de Maite viven con sus nietos. _____
2 La familia de Maite no vive en el país donde nació. _____
3 A sus padres les gusta mucho utilizar las apps de GPS. _____
4 Sus abuelos no saben nada de tecnología. _____
5 A Maite le parece importante hablar con sus abuelos. _____
6 Maite piensa que la tecnología tiene ventajas y desventajas. _____
7 Maite nunca descarga música. _____
8 Acaba de buscar ayuda en Internet con sus deberes. _____

5 Túrnate con tu compañero/a. Pregunta y contesta sobre la tecnología en tu familia. ¿Qué es lo bueno y lo malo de cómo la utiliza tu familia?

6 Escribe unas 100 palabras sobre el uso de la tecnología en tu familia. Usa las Actividades 4 y 5 para ayudarte. Menciona:
- qué tecnología utilizan los miembros de tu familia
- lo bueno y lo malo de la tecnología

10.2 Hacia el futuro

1 Escribe cada frase en el orden correcto.

1 las dio me ayer

2 la nos semana enviaron una hace

3 ¡! lo que presto ella claro a se

4 ¿? explicó lo qué por se

5 ofreció cumpleaños mi me la para

6 mostraron hace los nos meses unos

2 Reescribe las frases usando los objetos directos e indirectos.

1 ¿Has dado las llaves a tu hermana? _____
2 ¿Me puede enseñar el vídeo otra vez? _____
3 Manda las fotos a tus padres antes de acostarte. _____
4 Va a enviar el móvil a vosotros mañana. _____
5 Estoy explicando la historia a mi madre. _____
6 Le dio a su hermana una nueva tableta. _____
7 Me olvidé de dar las maletas a su primo. _____
8 Mañana prestará el coche eléctrico a ti, Juan. _____

3 Elige la tecnología para cada descripción.

1 Erradicaremos las enfermedades como la malaria. ☐
2 Se reducirán los gastos de transporte y ayudará a reciclar el plástico. ☐
3 No malgastaremos tanto en medicinas inutilizables. ☐
4 No perderemos tiempo haciendo las tareas domésticas. ☐
5 Viviremos en otros planetas. ☐
6 La contaminación se reducirá porque no usaremos tanto petróleo como ahora. ☐

    a las impresoras 3d   d la inteligencia artificial
    b la exploración del sistema solar   e la ingeniería genética
    c los robots domésticos   f los coches eléctricos

4 Escribe una solución para los problemas. ¡No tiene que ser en serio!

1 Desaparecerán los animales domésticos.

2 Habrá demasiados coches.

→ *Gramática: A1 y A2* **objetos indirectos y directos** *SB pp. 234–235*

5 Lee el artículo. Marca las frases que son falsas.

Una visión del año 2050 …

Las lentillas inteligentes nos ayudarán en todos aspectos de nuestra vida. Si no nos gusta la decoración de nuestro piso, las lentillas la cambiarán por otra más de nuestro gusto mediante la realidad virtual. Si queremos leer las últimas noticias sin sacar el móvil, las descargaremos en las lentillas mismas.

¿Tienes hambre? ¿Te gusta la carne? Pues no será necesaria la matanza de animales. Puedes disfrutar de una hamburguesa artificial, hecha de carne fabricada en un laboratorio. Además, será una hamburguesa más nutritiva que las de ahora, dado que estará llena de vitaminas y grasas sanas.

¿Y dónde pasará todo esto? Pues, en otro planeta, por supuesto. Dentro de muy pocos años, mejorarán las fuentes de energía limpia que permitirán llevarnos más rápidamente al espacio. ¿Te interesa vivir en Marte?

En 2050 …

1 todos tendremos un estilo de vida más aburrido. ☐
2 no tendremos que decorar nuestras casas. ☐
3 se podrá leer información enviada directamente a nuestras lentes. ☐
4 comer carne estará prohibido. ☐
5 los científicos podrán fabricar carne artificial. ☐
6 la comida será más rica. ☐
7 no se podrá vivir en otros planetas. ☐
8 usaremos energía de manera más eficiente. ☐

6 Lee el artículo otra vez y busca los sinónimos.

1 lente _____
2 asistir _____
3 novedades _____
4 gozar _____
5 ya que _____
6 ocurrir _____
7 claro que sí _____
8 deprisa _____

7 Túrnate con tu compañero/a. ¿Estás de acuerdo con las predicciones de la Actividad 5?

8 Elige una de las predicciones y escribe un párrafo.

Internet existirá dentro de nuestros cerebros.

Pasaremos las vacaciones en el espacio.

Los árboles generarán la energía.

_____
_____
_____
_____
_____
_____
_____

10.3 Hacia el año 2050

1 Subraya las cifras y escríbelas usando el equivalente en partes o porcentaje correspondiente en cada caso.

1 Casi la mitad de la población mundial vive en ciudades.   _____50%_____
2 Más del 30% de gente no tendrá suficiente agua.   _____
3 El veinticinco por ciento de las selvas tropicales desaparecerá.   _____
4 Es posible que, para 2050, se agoten tres cuartas partes de los combustibles fósiles.   _____
5 Las superbacterias llegarán a matar al 10% de la población global.   _____
6 Se dan más de 50% de los alimentos cultivados a los animales.   _____
7 Una cuarta parte de los animales estarán en riesgo de extinción.   _____
8 Debemos dejar en la tierra al menos una décima parte del petróleo.   _____

2 Lee el artículo y elige las opciones correctas.

¿Qué pasará si no bajan las temperaturas?

Los años 2016, 2023 y 2024 fueron los tres años más cálidos de la historia. Desde la Revolución Industrial del siglo diecisiete, la tasa de calentamiento se ha duplicado cada siglo. Para 2030, los científicos predicen que la superficie de la Tierra superará el límite crucial de 1,5°C por primera vez. Hoy, el planeta es aproximadamente 1,28 grados centígrados más cálido que en la era preindustrial. Esto no parece mucho, pero puede causar un gran impacto.

Los países que se han suscrito al Acuerdo de París han acordado que los aumentos futuros no superen los 2,7 grados. Los acuerdos previos se habían establecido en 3,7 grados. ¿Cómo se vería la Tierra si la temperatura aumentara tanto?

Bueno, la falta de agua tendría un gran impacto en el cultivo de cereales como el trigo. El calentamiento de los océanos significaría que habría un menor número de peces y mariscos y, dado que actualmente obtenemos el 20% de nuestra proteína dietética del mar, ello tendría enormes consecuencias para nuestras dietas. Además, el aumento en el nivel del mar, debido al derretimiento de las capas de hielo, significaría que más de un tercio de la población mundial que vive cerca de la costa podría ver sus casas destruidas.

1 2030 …
   a será uno de los años más fríos de la historia
   b verá un aumento en la temperatura
   c forma parte de la Revolución Industrial
   d es cuando se firmará el Acuerdo de París

2 se ha duplicado quiere decir …
   a la mitad de   b un cuarto de   c un décimo de   d el doble de

3 Un siglo es …
   a 10 años   b 20 años   c 100 años   d 1000 años

4 1,28 grados es el aumento de la temperatura …
   a desde hace más de 200 años hasta ahora   b desde 2016 hasta ahora
   c en el Acuerdo de París   d acordado previamente

5 El trigo se verá afectado por la falta de …
   a pescados   b proteína dietética   c lluvia   d mariscos

6 La proteína obtenida del mar forma … de nuestra dieta.
   a un décimo   b un cuarto   c la mitad   d un quinto

→ *Gramática:* A1 *números* SB *pp.* 246–247

3 Lee el blog y busca las frases españolas.

1 climate change _____
2 research _____
3 area _____
4 controlled burning _____
5 land surface _____
6 leaves _____
7 fuel _____
8 put a stop to _____

> *Beatriz González Miralles es doctora en estudios del cambio climático y trabaja en la Universidad de México. Me habló de su trabajo a la vanguardia de las investigaciones para combatir el calentamiento global.*
>
> *Profesora, ¿qué investigaciones está haciendo Ud. ahora mismo para reducir el aumento de la temperatura?*
>
> Bueno, en este momento estoy participando en dos estudios en el ámbito del calentamiento global. Primero, he participado en un estudio que analiza la quema controlada de bosques tropicales como los de Australia, África y América Latina. Las sabanas cubren el 20% de la superficie terrestre del mundo y representan el 70% de los incendios a nivel mundial. Llenan un área de más de 3,3 millones de kilómetros cuadrados. Al establecer deliberadamente incendios pequeños a principios de temporada, en la primavera cuando el clima es más frío y húmedo, se puede ayudar a prevenir los incendios más grandes más adelante, cuando hay más material seco como hojas y ramas que añaden combustible al fuego, por lo tanto, aumentando el daño que se puede causar.
>
> También he trabajado buscando formas de ayudar a frenar la erosión costera restaurando humedales y reintroduciendo especies nativas en el Golfo de México. Los estudios han demostrado que el uso de medios naturales para proteger las costas puede ayudar a reducir el riesgo de tormentas para la gente que vive allí.

4 Lee el blog otra vez y elige las cuatro frases correctas.

1 Beatriz González es estudiante en la Universidad de México. ☐
2 En este momento participa en dos estudios. ☐
3 La sabana contiene árboles que tienen peligro de incendio. ☐
4 Se provocaron involuntariamente incendios en la primavera. ☐
5 Los incendios de la primavera son los más peligrosos del año. ☐
6 Beatriz González trabaja para reducir la erosión costera. ☐
7 Utiliza la tecnología para proteger las costas. ☐
8 La gente que vive en las costas corre el riesgo de sufrir huracanes. ☐

5 Realiza una investigación sobre los temas. Escribe seis frases utilizando el vocabulario.

| los bosques tropicales | los océanos | las especies nativas | los huracanes |
| la temperatura global | las sequías | las inundaciones |

la mitad   un cuarto   30%   más de …   entre … y …   unos …   alrededor de …   aproximadamente

_____
_____
_____
_____
_____
_____

6 Túrnate con tu compañero/a. Lee tus frases y anota las frases de tu compañero/a. Ten cuidado con las estadísticas.

10.4 Si fuera presidente ...

1 Elige los pronombres correctos y traduce los verbos.

Si ...   If ...

1	viviera	**yo** / vosotros / ellas	I lived _____
2	tuviéramos	él / nosotros / usted	_____
3	estuvieras	tú / ella / él	_____
4	fueran	usted / ellos / yo	_____
5	gobernarais	vosotros / tú / ellos	_____
6	tuviera	ustedes / nosotros / ella	_____
7	compráramos	vosotros / yo / nosotros	_____
8	ofrecieran	yo / él / ustedes	_____

2 Lee el foro y escribe los títulos apropiados.

- Crisis médica
- Falta de actividades extraescolares
- Coste alto de la vivienda
- La desigualdad
- El transporte público

1
Ric!88 _____

Pues si yo fuera presidente, hay muchas cosas que cambiaría. Vivo en el campo, en una aldea bastante aislada, y lo más importante para mí es poder llegar al instituto cada día. Hay solo dos autobuses al día que van al centro. Si quiero quedarme después del instituto para participar en alguna actividad o practicar deporte, es casi imposible. Mejoraría la red de tranvías para que llegaran a zonas más alejadas de la ciudad.

2
Eli725 _____

Bueno, estoy de acuerdo con Ric!88. Vivo en el centro de la ciudad y es verdad que aquí tenemos una buena red de transporte público. Pero estoy segura de que los gastos de vivienda de mis padres son más altos de los de Ric!88 y su familia. Y que vivimos en un piso mucho más pequeño que el de su familia. Si yo tuviera el poder, aprobaría leyes para reducir los gastos de vivienda y para construir más bloques y casas a precios más baratos.

3
AtletiFan _____

A mi parecer, hay cosas mucho más importantes que el transporte público o la vivienda. Es una lástima que la gente siga muriendo de enfermedades que se pueden curar. Me da vergüenza pensar en la falta de hospitales y clínicas en nuestro país. Si yo gobernara, ofrecería becas para que cualquier persona pudiera estudiar medicina en la universidad. Y además aprobaría leyes para reducir el precio de las medicinas.

→ *Gramática: A1 subjuntivo imperfecto SB p. 244*

3 Lee el foro otra vez y escribe el nombre correcto.

¿Quién …

1 piensa que los gastos de vivienda no son tan preocupantes? _____
2 no puede participar en las actividades extraescolares? _____
3 vive en un piso? _____
4 cree que el transporte público de su zona funciona bien? _____
5 cree que hay falta de enfermeros? _____
6 vive lejos del centro de la ciudad? _____
7 está avergonzado de su país? _____
8 quiere que sus padres tengan menos gastos? _____

4 Completa las frases.

luchemos tuviéramos se erradique aprobaran fuera pongamos

1 Dudo que _____ la pobreza.
2 Me alegro de que _____ por la igualdad.
3 Es posible que _____ fin al hambre dentro de cincuenta años.
4 Fue una vergüenza que no _____ medidas para mejorar el medio ambiente.
5 Preferiría que _____ una sociedad tolerante.
6 Si _____ rico, compraría una casa para mi familia.

5 Túrnate con tu compañero/a. Completa las frases con tu propia opinión. ¡Cuidado! ¿Subjuntivo presente o imperfecto? Usa las frases de la Actividad 4 para ayudarte.

- Dudo que …
- Me alegro de que …
- Es posible que …
- Fue una vergüenza que …
- Preferiría que …
- Si fuero rico, …

6 Si fueras el director o la directora de tu instituto por un día, ¿qué harías? Escribe un párrafo. Menciona:

- el horario
- las instalaciones
- las asignaturas
- la comida

_____
_____
_____
_____
_____
_____
_____

→ Gramática: A4 **subjuntivo** pp. 243–244

10.5 ¿Qué harás en el futuro?

1 **Cambia las frases a la voz pasiva. Pon atención a los tiempos verbales.**

1 Cristina hace todo el trabajo.

2 El terremoto destruyó el centro de la ciudad.

3 La falta de viviendas provocará un aumento en los gastos.

4 La crisis económica ha afectado a los más pobres.

2 **Escribe frases sobre lo que vais a hacer tú y tus amigos usando varias formas del futuro.**

> ir al extranjero   marcharme de casa   abrir un negocio   ir a la universidad
> viajar por el mundo   hacer voluntariado   tener niños

El próximo verano, voy a ir al extranjero con mi mejor amiga, Ana.

3 **Lee el texto y contesta las preguntas.**

> ¿En qué quieren trabajar los jóvenes en el futuro?
>
> Hace un mes se publicó una gran encuesta que preguntó a los jóvenes de 10 países de América Latina sobre lo que esperan en el futuro. Más de 10 000 jóvenes fueron encuestados por el Centro de Estudios Sociales de Bogotá. Casi tres cuartos de los encuestados viven en centros urbanos mientras que el género de los jóvenes era más o menos igual entre chicos y chicas.
>
> Al contestar la pregunta '¿Qué tienes la intención de hacer después del instituto?', el 25% de los encuestados respondieron que todavía no tenían planes concretos. Casi la mitad de los jóvenes quería seguir estudiando, ya sea en la universidad o en otro centro de formación. Un diez por ciento espera ir al extranjero y la mayoría de ellos tienen la intención de hacer voluntariado. Los demás piensan en convertirse en empresarios o buscar un trabajo cuando terminen los estudios.

1 ¿Cuándo se publicó la encuesta? _____
2 ¿De dónde vienen los encuestados? _____
3 ¿Cuántos jóvenes fueron encuestados? _____
4 ¿Dónde vive la mayoría de los jóvenes? _____
5 ¿Qué proporción de los jóvenes eran chicas? _____
6 ¿Qué quiere hacer un cuarto de los encuestados? _____
7 ¿Cuántos jóvenes piensan continuar en el sistema educativo? _____

→ *Gramática: A1 la voz pasiva SB p. 243*

Extended speaking activity

Hablar: Juego de rol

Vas a hacer un juego de rol. Es una conversación con un(a) amigo/a sobre lo que quiere hacer en el futuro. Haz y contesta las preguntas.

El amigo/La amiga: ¿Qué materias estudias?
Tú …

Vocabulario
Estudio …

El amigo/La amiga: ¿En qué materias eres bueno?
Tú …

Vocabulario
Soy bueno/a en … porque … /
Se me da(n) bien … porque …

El amigo/La amiga: ¿Es importante estudiar español? [PAUSA] ¿Por qué (no)?
Tú …

Vocabulario
Pienso que (no) es importante estudiar español, porque …

El amigo/La amiga: ¿Qué te gustaría hacer en el futuro? [PAUSA] ¿Por qué?
Tú …

Vocabulario
En el futuro, me gustaría estudiar/ir a/hacer/ser/convertirme en/trabajar/viajar a …

El amigo/La amiga: Si fueras presidente, ¿qué harías?
Tú …

Vocabulario
Si (yo) fuera presidente/presidenta, reduciría/promovería/introduciría …

If you don't have any firm ideas about your future plans, you can just make them up. Learn some key verbs like 'to go', 'to travel', 'to study' and think of some options to go with each one.